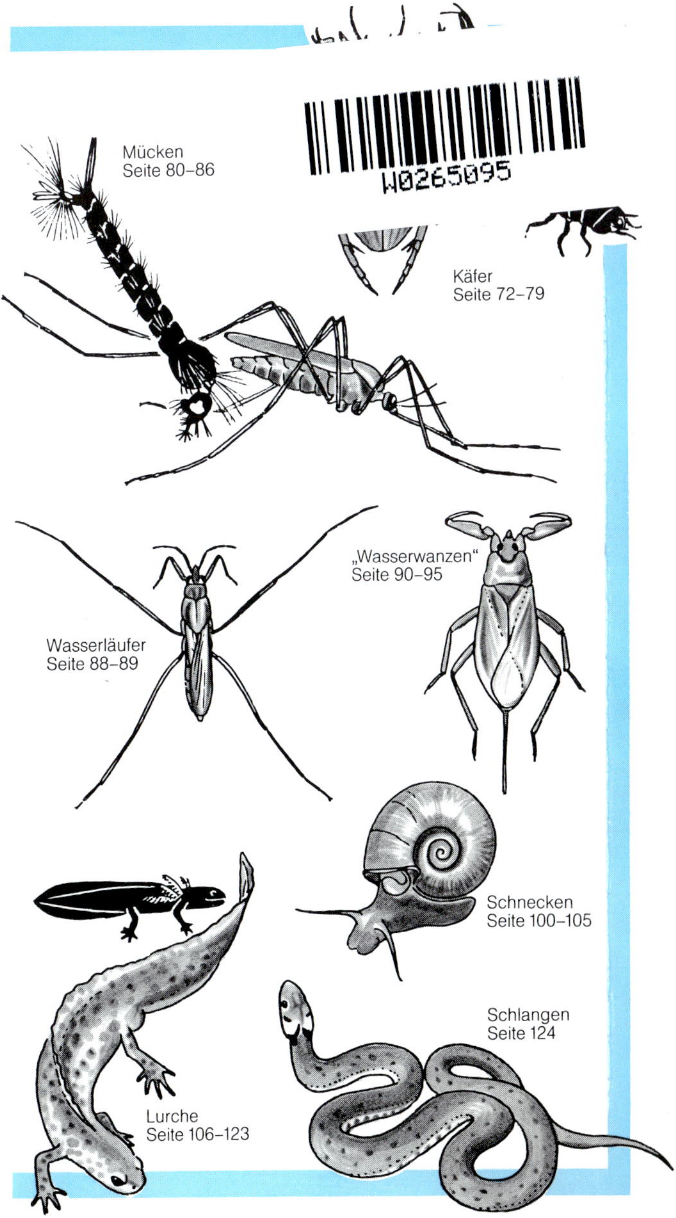
Mücken
Seite 80–86
Käfer
Seite 72–79
„Wasserwanzen“
Seite 90–95
Wasserläufer
Seite 88–89
Schnecken
Seite 100–105
Schlangen
Seite 124
Lurche
Seite 106–123

kosmos Naturführer
Kosmos
Gesellschaft der
Naturfreunde
Franckh'sche Verlagshandlung
Stuttgart

Manfred Rogner
Treffpunkt Gartenteich
Tiere im und am Wasser

Mit 133 Farbfotos von Angermayer, T. (S. 24/25, 27, 30, 31, 32, 36, 38, 39, 43, 44, 45 o, 56, 57, 70, 73, 74 li, 75, 80, 82, 84, 88, 89, 91, 92, 93, 94, 95, 96, 97, 98, 99, 102, 113, 120, 121, 122), Baumgart, G. (S. 72), Bellmann, H. (S. 28, 29, 42), Bischoff, R. (S. 37 li), Cigler, H. (S. 66, 123), Diffené, K. H. (S. 87, 90), Guntli, K. (S. 62), Jacobi, K. H. (S. 35 o), Jurzitza, G. (S. 67, 68, 69), König, R. (S. 45 u, 50, 71, 83, 115, 117 u, 118), Layer, W. (S. 85 u, 112 u, 119), Limbrunner, A. (S. 9, 55, 100, 101, 104, 105, 108, 116), Limbrunner, H. (S. 33, 46, 47, 48, 51, 52, 53, 58, 59, 63), Möhn, D. (S. 34), Nill, D. (S. 64, 65 o), Pelka, N. (S. 37 re), Reinhard, H. (S. 2/3, 64 u, 76, 103, 106/107, 109, 114, 124), Rogl, M. (S. 5), Rogner, M. (S. 110, 111, 112 o, 117 o), Sauer, F. (S. 26, 40, 41, 78, 79, 81, 85 o, 86 li), Schmidt, R. (S. 54, 60, 61), Schneider, H. (S. 77), Stein, B. (S. 49), Vanberg (S. 35 u, 86 re) sowie 3 Farbzeichnungen, 8 Schmuckzeichnungen, 13 Symbolen und Vor- und Nachsatzzeichnungen von Marianne Golte-Bechtle.

Umschlag von Kaselow Design, München, unter Verwendung einer Aufnahme von Hans Reinhard.

CIP-Titelaufnahme der Deutschen Bibliothek

**Rogner, Manfred:**
Treffpunkt Gartenteich : Tiere im u. am Wasser / Manfred Rogner. – Stuttgart : Franckh, 1989
(Kosmos-Naturführer)
ISBN 3-440-05915-4

Franckh'sche Verlagshandlung, W. Keller & Co., Stuttgart/1989

L 14 Pl / ISBN 3-440-05915-4
Printed in Germany / Imprimé en Allemagne.
Satz: G. Müller, Heilbronn
Reproduktion: G. Schmid, Stuttgart
Herstellung: Mairs Graphische Betriebe, Ostfildern

# Treffpunkt Gartenteich

# Vorwort

In der Vergangenheit hatte fast jedes Dorf, sogar jedes Gehöft einen Weiher, und auf unbefestigten Wegen bildeten sich mit der Zeit Mulden, die sich nach anhaltenden Niederschlägen mit Wasser füllten.
Aber auch Bäche und Flüsse bahnten sich noch ihre eigenen Wege durch die Landschaft – und traten nach der Schneeschmelze oder in niederschlagsreichen Zeiten über die Ufer. Auch durch Ansteigen des Grundwasserspiegels füllten sich in niederschlagsreichen Zeiten immer wieder zahlreiche Kleingewässer, und viele Wiesen und Auen wurden regelmäßig überschwemmt. Das Resultat war eine große Palette unterschiedlicher nasser Lebensräume für zahlreiche Pflanzen und Tiere.
Nachdem der Mensch begann, das Landschaftsbild nach ausschließlich seinen Bedürfnissen zu prägen, verschwand der größte Teil der Kleingewässer – und damit die Lebensgrundlage für viele Lebewesen.
Auch in der unmittelbaren Umgebung machte der Trend zur Uniformierung nicht halt: Der ehemalige Nutzgarten hinter dem Haus wurde zum „Ziergarten“ mit kurzgeschorenem englischem Rasen und sauber gestutzten exotischen Koniferen. Statt naturnaher Gartenteiche wurden „Zierteiche“ favorisiert mit Beleuchtung, Wasserfontänen und vielerlei anderer Technik.
Viele haben vergessen, welche Anziehungskraft in ihrer Kindheit Tümpel und Teiche auf sie ausgeübt haben!
Nutzen Sie die Gelegenheit, sich und ihren Kindern die faszinierende Lebensgemeinschaft „Kleingewässer“ nahezubringen und gleichzeitig einen zusätzlichen Lebensraum für viele heimische Pflanzen und Tiere zu schaffen – legen Sie sich einen naturnahen Gartenteich an.
Mag er noch so klein sein, er wird uns vielfältige Beobachtungsmöglichkeiten und neue Erkenntnisse bieten.
Das bewußte Sehen und Erleben der Natur läßt uns viele komplizierte Vorgänge in ihr begreifen und lehrt uns, sie zu bewahren und zu schützen!

# Zum Umgang mit diesem Buch

Natürlich konnten im Rahmen dieses Buches nicht alle Tiere behandelt und abgebildet werden, die sich an einem naturnahen Gartenteich einfinden können – wir mußten uns auf eine Auswahl besonders häufiger und relativ leicht zu entdeckender Arten beschränken.
Von vielen Arten werden die verschiedenen Entwicklungsstadien, die sich ebenfalls im Gartenteich aufhalten, beschrieben und abgebildet.

Bei den **Farbaufnahmen** wurde besonderer Wert darauf gelegt, daß es sich in der Hauptsache um Aufnahmen aus dem Gartenteich handelt, auf denen die Tiere so abgebildet sind, wie wir sie selbst zu sehen bekommen.
Bei der sehr unterschiedlichen Größe der Tiere war es jedoch nicht möglich, alle Arten im gleichen Maßstab abzubilden, so daß große Arten oft kleiner und kleine Arten immer größer abgebildet sind, als ihre natürliche Größe beträgt.

Die **Umrißzeichnungen auf Vor- und Nachsatz** verhelfen zum schnellen Aufsuchen einer gefundenen Art im Buch. Sie zeigen – stark vereinfacht – die typische Gestalt der behandelten 14 Tiergruppen (bei manchen sind erwachsenes Tier und Larve gezeichnet) und haben dazu den Hinweis, auf welchen Seiten im Buch diese Gruppen abgehandelt werden.

Die **Symbole** über dem Farbfoto zeigen auf einen Blick, zu welcher Tiergruppe die besprochene Art gehört, wie groß sie in Wirklichkeit ist, welche Flügelspannweite sie besitzt, auf welchem Wege sie in den Gartenteich gelangt und ob sie geschützt ist oder nicht.

Dabei bedeutet

**Tiergruppe**

- Polypen
- Egel
- Spinnentiere
- Insekten
- Niedere Krebse
- Schnecken
- Lurche
- Kriechtiere

30–45 mm — **Körpergröße** (ohne Schwanz oder andere Anhänge)

FS 35–80 mm — **Flügelspannweite**

**Weg zum Gartenteich**

- Aktiv zugewandert
- Mit dem Wind
- Zugeflogen
- Mit Pflanzen eingebracht

**Geschützt**

Die **Texte** im Bestimmungsteil enthalten Wissenswertes zum Bestimmen und Kennenlernen der vorgestellten Arten in übersichtlicher und leicht verständlicher Form.

Unter Aussehen wird das Farbfoto durch Angaben zur Körperform, Färbung, besondere Merkmale oder Geschlechtsunterschiede ergänzt.

Unter Fortpflanzung werden interessante Informationen zu dem wichtigsten Lebensabschnitt des Tieres gegeben.

Unter Entwicklung wird bei den Larvenbeschreibungen einiger Arten näher auf spezielle Vorkommnisse dieser Lebensphase eingegangen.

Unter Nahrung wird beschrieben, was und wie die jeweilige Art frißt. In diesem Textabschnitt kann man einen Teil der ökologischen Aufgabe des beschriebenen Tieres erkennen.

Beobachtungstips weisen darauf hin, wo wir in unserem Gartenteich eventuell das beschriebene Tier finden können und welche interessanten Verhaltens- oder Lebensweisen beobachtet werden können. Um vor allem kleine Wassertiere genauer betrachten und beobachten zu können, bietet es sich an, ein Beobachtungsglas bereitzuhalten (kleines Aquarium, Einmachglas, Fotoküvette o.ä.), in das wir das zu beobachtende Exemplar setzen können. Auch die Anschaffung eines feinmaschigen Keschers (im Zoofachhandel zu erhalten) ist zu empfehlen, da wir hiermit am einfachsten und sichersten die Kleinstlebewesen des Gartenteichs fangen können.

# Lebensraum Gartenteich

Die in diesem Buch beschriebenen und abgebildeten Tiere im und am Gartenteich kommen in erster Linie an natürlichen Gewässern vor.
Durch die Anlage eines naturnahen Gartenteiches haben wir jedoch die Möglichkeit, diese Tiere in unsere unmittelbare Nähe zu locken und „vor Ort" ihre Lebens- und Verhaltensweisen beobachten und kennenlernen zu können.
Aus der Palette der natürlichen Gewässer läßt sich der Gartenteich in etwa mit einem Tümpel vergleichen.
Leider sind in der Vergangenheit viele dieser Tümpel aus unserer Landschaft verschwunden, da man ihren ökologischen Wert nicht begriff. Sie wurden mit Müll verfüllt, trockengelegt oder häufig – wenn es sich um ein größeres Gewässer handelte – in einen Angelteich umgewandelt.
Kleinere stehende Gewässer gehen aber auch durch den natürlichen Prozeß der „Verlandung" verloren, d. h. sie wachsen mit der Zeit einfach zu. Und mit dem Rückgang der Kleingewässer geht auch die Zahl der Tiere und Pflanzen zurück, die auf solche Lebensräume angewiesen sind!
So ist das Anlegen eines naturnahen Gartenteiches nicht nur eine Bereicherung für den Naturfreund, sondern auch eine Überlebenschance für zahlreiche Pflanzen und Tiere. Wenn auch nur die „Allerweltstiere" davon profitieren können, denn selteneren, vom Aussterben bedrohten Arten kann kaum durch das Anlegen eines naturnahen Gartenteiches geholfen werden, da ihre Ansprüche an den Lebensraum sehr speziell sind.
Leider kommen heute immer noch viel zu viele Gartenbesitzer auf die Idee, statt eines Ersatzlebensraumes „naturnaher Gartenteich" einen Zierfischteich anzulegen, der jedoch für viele heimische Kleintiere zur Falle wird, denn sie vertrauen auch einem solchen Gewässer ihre Nachkommenschaft in Form von Eiern, Laich oder Larven an – mit dem Erfolg, daß diese von den Zierfischen gefressen werden!

## Anlage eines Gartenteiches

Über die Anlage eines Gartenteiches gibt es inzwischen zahlreiche gute und schlechte Bücher. Dabei sind die wesentlichen Punkte, die beim Anlegen eines Gartenteiches zu beachten sind, an einer Hand abzuzählen:

### Standort und Größe

Standorte mit 4–6 Stunden Sonne am Tag sind optimal.
Zuviel Sonne fördert die Algenbildung zu stark. Hat man jedoch keine andere Wahl, so lassen sich voll der Sonne ausgesetzte Gartenteiche durch das Ansiedeln von Schwimmblattpflanzen verbessern, da ihre auf dem Wasser treibenden Blätter das Wasser und den Bodengrund beschatten. Ein völlig beschatteter Teich dagegen bleibt immer kühler und setzt den Pflanzen in ihrem Wachstum Grenzen.
In unmittelbarer Nähe des Teiches sollten sich auch keine laubabwerfenden Büsche oder Bäume befinden, da im Herbst mit Sicherheit große Mengen Laub – und damit Nährstoffe – in den Gartenteich gelangen.
Nährstoffe wiederum fördern das Algenwachstum, aber auch die Bildung von sauerstoffzehrendem Bodenschlamm.
Zudem sollte der Teich so gelegen sein, daß man ihn gut erreichen und einsehen kann. Muß man erst ins hinterste Garteneck laufen, um das Treiben im und am Wasser beobachten zu können, so

wird man den Teich sicher nicht so oft zum Beobachten aufsuchen.

## Profil des Teiches

Hat man die richtige Stelle im Garten gefunden, kann man mit dem Ausheben der Teichmulde beginnen. Der Teich sollte auf alle Fälle eine ausgeprägte Sumpf-, Flachwasser- und Tiefwasserzone erhalten (siehe Zeichnung).

## Abdichten des Teichbodens

Das Versiegeln der Teichmulde bereitet heutzutage keine großen Schwierigkeiten mehr, da sich Teichfolien dafür bestens bewährt haben. Sie ermöglichen zudem eine individuelle Gestaltung des Teiches, denn sie sind in allen Größen entweder erhältlich oder anzufertigen.
Bevor man die Mulde jedoch mit der Folie auslegt, sollte man vorher auf jeden Fall eine Sandschicht auftragen, damit keine spitzen Gegenstände (Steine, Wurzeln o. ä.) die Folie beschädigen können.

## Substrat für den Teichboden

Das Bodensubstrat, mit dem die Folie bedeckt wird, muß auf jeden Fall nährstoffarm sein. Am besten eignen sich Lehm, Ton oder Kies. Auf keinen Fall sollte humusreiche Erde in den Teich gelangen – dies hätte eine explosionsartige Algenvermehrung zur Folge!

## Pflanzen für den Gartenteich

Zuletzt läßt man vorsichtig das Wasser einlaufen und setzt dann etappenweise Pflanzen ein.
Für den Naturfreund ist es selbstverständlich, daß er nur heimische, standortgerechte Pflanzen ansiedelt. Da Pflanzen in und am Gartenteich sehr schnell wachsen, sich ausbreiten und nach einiger Zeit ausgelichtet werden müssen, wird man sicher von benachbarten Teichbesitzern Material genug bekommen können.
Im folgenden nur einige Beispiele, welche Pflanzen für welche Teichzone am besten geeignet sind (in Klammern zu berücksichtigende Wassertiefe):

| **Sumpfzone** | |
|---|---|
| Blutweiderich *Lythrum salicaria* | (+ 10 cm bis – 10 cm) |
| Sumpfdotterblume *Caltha palustris* | ( 0 cm bis – 10 cm) |
| Igelkolben *Sparganium erectum* | (– 5 cm bis – 20 cm) |
| Flatterbinse *Juncus effusus* | (– 5 cm bis – 10 cm) |
| Wasserschwertlilie *Iris pseudacorus* | (– 10 cm bis – 20 cm) |
| Wasserminze *Mentha aquatica* | (– 10 cm bis – 30 cm) |
| **Flachwasserzone** | |
| Froschbiß *Hydrocharis morsus-ranae* | (– 20 cm bis – 40 cm) |
| Wasserhahnenfuß *Ranunculus aquaticus* | (– 20 cm bis – 50 cm) |
| Wasser-Knöterich *Polygonum amphibium* | (– 30 cm bis – 40 cm) |
| Teichbinse *Schoenoplectus lacustris* | (– 30 cm bis – 50 cm) |
| **Tiefwasserzone** | |
| Krebsschere *Stratiotes aloides* | (– 50 cm bis – 80 cm) |
| Hornkraut *Ceratophyllum demersum* | (– 50 cm bis –120 cm) |
| Tausendblatt *Myriophyllum verticillatum* | (– 50 cm bis –120 cm) |
| Seerose *Nymphaea alba* | (– 50 cm bis –150 cm) |
| Schwimmendes Laichkraut *Potamogeton natans* | (– 60 cm bis –100 cm) |
| Gelbe Teichrose *Nuphar lutea* | (–100 cm bis –150 cm) |

**Sumpfzone**

Die Sumpfzone stellt im Gartenteich die Region zwischen dem Ufer und der Flachwasserzone dar und hat eine Wassertiefe von etwa 0–30 cm.
Auf Grund der geringen Tiefe erwärmt sich die Sumpfzone in der wärmeren Jahreszeit leicht, und das Sonnenlicht erreicht fast ungedämpft den Gewässerboden. Dies beschleunigt nicht nur das Pflanzenwachstum in dieser Region, sondern auch die Stoffwechselaktivitäten der in diesem Bereich vorkommenden Tiere.
In der Sumpfzone können viele verschiedene Pflanzenarten angesiedelt werden, die in freier Natur z. B. an Ufersäumen von Bächen und Seen, in Feuchtwiesen, Auen, Sümpfen oder Mooren wachsen.

## Das Leben in der Sumpfzone

Am Uferrand des Gartenteiches machen sich der rosablühende Wiesenknöterich, die blaublühende Bachbunge und das niedrig wachsende Pfennigkraut mit seinen gelben Blüten sehr dekorativ. In diesem Bereich fühlt sich die Piratenspinne (S. 33) sicher. Sie hat ihre auffällige Gespinsthöhle zwischen die Blätter der Sumpfdotterblume gebaut.
Blutweiderich, Wollgras und Zwergigelkolben sind weitere Pflanzen, die in die Sumpfzone des Gartenteiches gehören. Zwischen diesen Pflanzen lauert z.B. die große Listspinne (S. 34) ihrer Beute auf. Etwas vom Uferrand entfernt überragt Froschlöffel mit seinen typischen Blättern und den weißrötlichen Blütenständen das Wasser. Und auf den Blättern der hochwüchsigen Wasserschwertlilie mit ihren gelben Blüten hat die Streckerspinne (S. 32) ihr Revier.
Die Wasserspinne (S. 30) hat sich als einzige Spinne den Raum unter der Wasseroberfläche erschlossen, sie ist jedoch noch auf Luft zur Atmung angewiesen und muß immer wieder zur Oberfläche auftauchen. Myriaden von Hüpferlingen (S. 40) und Wasserflöhen (S. 39) „hüpfen" durch das Wasser. Unermüdlich strudeln die Wasserflöhe mit ihren Beinen kleine Nahrungsteilchen in die Richtung ihres Mundfeldes. Sie filtern und reinigen dabei das Wasser und sind selbst beliebte Nahrung vieler anderer Wassertiere, wie z.B. des Süßwasserpolypen oder der Molche und ihrer Larven. Auf den Pflanzen oberhalb des Wasserspiegels kann man im Sommer häufig Azurjungfern (S. 49–51) entdecken, die sich hier entweder sonnen oder ihre im Flug gefangene Beute verzehren.
Das leicht erwärmte Wasser der Sumpfzone wirkt auf die Freßgeschwindigkeit verschiedener Schneckenarten offensichtlich ebenso stimulierend, wie es die Entwicklung verschiedener Tierlarven beschleunigt.
Mit steigender Temperatur nimmt aber auch der Sauerstoffgehalt des Wassers ab. Gleichzeitig erhöht sich bei den meisten Kleintieren auf Grund der steigenden Stoffwechselaktivität der Sauerstoffbedarf.
Die relativ großen Laichballen der Grasfrösche (S. 118) sind im Frühjahr bald durch die Sonnenwärme „zerflossen", auf der Oberfläche der Gallertfladen liegen dann dicht an dicht die schwarzen Froschlarven (Kaulquappen). Sie bilden eine dunkle Fläche, durch die die Sonnenwärme noch besonders gut ausgenutzt werden kann.
Die Kaulquappen fallen in großer Anzahl anderen Wassertieren zum Opfer, selbst ihre näheren Verwandten, die Teichmolche, Bergmolche, Faden- und Kammmolche, machen sich ausgesprochen gerne über den heranwachsenden Nachwuchs der Grasfrösche her. Die Kaulquappen der Erdkröte (S. 115) dagegen sind offensichtlich so ungenießbar, daß sie gemieden werden.
Dies ist nur ein winzig kleiner Ausschnitt aus dem vielfältigen Leben der Sumpfzone. Gehen Sie selbst einmal auf Entdeckungsreise!
Im Winter geht die Zahl der Wasserbewohner der Sumpfzone rapide zurück. Da in diesem Bereich das Wasser – zumindest im Uferbereich – sehr schnell erkaltet und schneller zufriert als in tieferen Lagen, haben sich die hier lebenden Tiere schon lange vor Kälteeinbruch in die schützenden tieferen Zonen zurückgezogen.

**Pflanzen für die flache Sumpfzone (Anfang Sumpfzone)**

| Name | Wuchshöhe | Blütezeit | Blütenfarbe |
| --- | --- | --- | --- |
| Sumpfdotterblume *(Caltha palustris)* | 20–30 cm | April–Mai | gelb |
| Wollgras *(Eriophorum angustifolium)* | 30–40 cm | April–Juli | weiß |
| Fieberklee *(Menyanthes trifoliata)* | 20–30 cm | Mai–Juni | weiß |
| Sumpfwolfsmilch *(Euphorbia palustris)* | 50–100 cm | Mai–Juni | grün-gelb |
| Wiesenknöterich *(Polygonum bistorta)* | 60–80 cm | Mai–Juli | rosa |
| Bachbunge *(Veronica beccabunga)* | 20–30 cm | Mai–August | blau |
| Pfennigkraut *(Lysimachia nummularia)* | 5–10 cm | Mai–Oktober | gelb |
| Igelkolben *(Sparganium erectum)* | 30–60 cm | Juni–September | weißlich-grün |
| Sumpfvergißmeinnicht *(Myosotis palustris)* | 30–40 cm | Juni–September | hellblau |
| Flatter-Binse *(Juncus effusus)* | 30–75 cm | Juli–August | grünlich |
| Gold-Gilbweiderich *(Lysimachia vulgaris)* | bis 150 cm | Juli–August | gelb |
| Zwerg-Igelkolben *(Sparganium minimum)* | 20–30 cm | Juli–September | weißlich-grün |
| Froschlöffel *(Alisma plantago-aquatica)* | 30–50 cm | Juli–September | weiß-rötlich |
| Blutweiderich *(Lythrum salicaria)* | 70–100 cm | Juli–September | karminrot |

**Pflanzen für die tiefere Sumpfzone**

| Name | Wuchshöhe | Blütezeit | Blütenfarbe |
| --- | --- | --- | --- |
| Wasserschwertlilie *(Iris pseudacorus)* | 80–100 cm | Mai–Juni | gelb |
| Tannenwedel *(Hippuris vulgaris)* | 30–40 cm | Mai–Juli | grün |
| Schwanenblume *(Butomus umbellatus)* | 80–100 cm | Juni–August | rosa-rot |
| Pfeilkraut *(Sagittaria sagittifolia)* | bis 40 cm | Juni–August | weiß |
| Sumpf-Blutauge *(Potentilla palustris)* | 15–30 cm | Juni–August | purpurrot |
| Brennender Hahnenfuß *(Ranunculus flammula)* | 10–50 cm | Juli–Oktober | gelb |
| Wasserminze *(Mentha aquatica)* | 40–60 cm | Juli–August | lila-violett |
| Zungenhahnenfuß *(Ranunculus lingua)* | bis 90 cm | Juli–August | gelb |
| Kalmus *(Acorus calamus)* | bis 80 cm | August–September | grün |

## Flachwasserzone

Die Flachwasserzone schließt an die Sumpfzone an und endet an der Tiefwasserzone.
Ihre Tiefe beträgt 30–50 cm und läßt sich ebenfalls mit Bereichen natürlicher Gewässer vergleichen. Die Flachwasserzone ist der ideale Standort für viele Schwimm- und Wasserpflanzen.
Der ökologische Vor- und Nachteil der Flachwasserzone im Gegensatz zur Sumpfzone liegt darin, daß das Wasser nicht so große Temperatursprünge mitmacht und auch im Sommer noch mit gemäßigteren Temperaturen in dieser Zone zu rechnen ist. Viele Tiere, denen es in der Sumpfzone zu warm geworden ist, ziehen sich im Sommer hierher zurück.
Auch der Lichteinfall wird in seiner Intensität gemildert und erreicht mit Verlusten den Bodengrund an den Stellen, die nicht von Pflanzen beschattet werden.

## Das Leben in der Flachwasserzone

In der Flachwasserzone leben sowohl Pflanzen, die über die Wasseroberfläche herausragen, als auch Arten, die völlig oder fast völlig untergetaucht leben.
Da im Wasser andere Bedingungen herrschen als an Land, hieß es für die Pflanzen, sich im Laufe ihrer Entwicklung an diese anzupassen. Dies betraf in erster Linie die Blätter. So haben völlig untergetaucht lebende Pflanzen (z. B. der Wasserhahnenfuß) fein zerschlitzte Blätter. Die dadurch erreichte Oberflächenvergrößerung ermöglicht es ihnen, auf Spaltöffnungen – wie sie für Landpflanzen unumgänglich sind – verzichten zu können.
Mit ihrer durchlässigen Oberfläche nehmen Wasserpflanzen die gelöste Kohlensäure direkt auf und geben Sauerstoff ab.
Selbst die Stengel der Wasserpflanzen sind dem geänderten Medium angepaßt, denn sie sind weich und flutend. Zudem enthalten sie ein inneres Luftgewebe, das die Sauerstoffversorgung regelt.
Wasserpflanzen blühen erst relativ spät im Jahr, denn das Wasser ist ein schlechter Wärmeleiter, und es erwärmt sich im Frühjahr nur sehr langsam.
Eine besonders attraktive Pflanze der Flachwasserzone ist der Wasserhahnenfuß, von dem es verschiedene Arten gibt und dessen weiße Blüten sich mit Hilfe zuvor gebildeter Schwimmblätter problemlos über der Wasseroberfläche halten können und bald ein weißes Blütenmeer bilden. Seine feinfiedrigen Unterwasserblätter sind ideale Sauerstofflieferanten.
Froschbiß, Seekanne, Wasserstern und Wasserschlauch stehen dem Wasserhahnenfuß an Attraktivität in nichts nach. So erinnern die Schwimmblätter des Froschbiß an Miniaturausgaben von See- und Teichrosenblätter. In relativ kurzer Zeit bedecken sie größere Flächen und beschatten die darunterliegende Wasserfläche.
Der Wasserschlauch gehört zu den „fleischfressenden“ Pflanzen. In vielen kleinen Fangbläschen fängt er kleine Wassertierchen (Wasserflöhe, Hüpferlinge, kleinste Mückenlarven etc.), die er mit Hilfe von ausgesondertem Zukkerschleim anlockt. Sobald nun ein Opfer gegen eine Klappe des Fangbläschens stößt, öffnet sich diese, wodurch in der zuvor unter Unterdruck stehenden Blase ein Sog entsteht, der die Beute einsaugt. Die Klappe schließt sich wieder, und eiweißverdauende Absonderungen innerhalb des Bläschens lösen die Beute in kurzer Zeit auf. Betrachtet man die Pflanze einmal ganz genau, so kann man immer leere, mit Beute gefüllte und auflösende Bläschen finden.
Zwischen dem dichten Bewuchs der Wasserpflanzen der Flachwasserzone kriecht spannerartig der Pferdeegel (S. 29) umher. Nur zum Eierlegen verläßt er diesen Bereich und schwimmt ans Ufer, wo er das Gewässer verläßt und im feuchten Boden seine Eier ablegt.
Auf der Wasseroberfläche jagen Wasserläufer (S. 88) ruckweise vorwärts. Sie ernähren sich räuberisch von auf die Wasseroberfläche gefallenen Insekten.
In Scharen ziehen die gesellig lebenden Taumelkäfer (S. 78) ihre Kreise und Spiralen auf der Wasseroberfläche. Sie lassen sich ebensowenig wie die Wasserpflanzen durch die willkürlich angelegte „Grenze“ zur Tiefwasserzone beeindrucken, sondern wechseln bei Bedarf dort hinüber.
Die Augen der Taumelkäfer sind so gebaut, daß sie gleichzeitig das

Treiben auf und unter der Wasseroberfläche beobachten können.

Zur Stabilität eines Teiches sind aber vor allem die Tiere notwendig, die von absterbenden oder toten Pflanzenteilen leben. In der Flachwasserzone sind dies in der Hauptsache zahlreiche Schneckenarten, die große Mengen Pflanzenmaterial vertilgen, auf diese Weise die Schlammbildung vermindern und darüber hinaus über ihre Ausscheidungen den lebenden Pflanzen wieder Nährstoffe liefern.

Die Flachwasserzone ist auch bevorzugter Lebensraum für Teichmolch (S. 108), Bergmolch (S. 111), Fadenmolch (S. 113) und Kammolch (S. 114). Hier finden ihre Balzrituale statt, legen die Weibchen ihre Eier an geeigneten Wasserpflanzen ab, entwickelt sich der Nachwuchs.

Auch für die Erdkröten (S. 115) ist die Flachwasserzone mit ihrer dichten Pflanzenwelt ein idealer Laichplatz. Sollten sich im Frühjahr Erdkröten im Gartenteich einfinden, dann wird man sie mit Sicherheit in der Flachwasserzone beobachten können.

**Pflanzen für die Flachwasserzone**

| Name | Wuchshöhe | Blütezeit | Blütenfarbe |
|---|---|---|---|
| Wasserhahnenfuß *(Ranunculus aquaticus)* | Nur Blüte über Wasser | Mai–August | weiß |
| Wasserstern *(Callitriche palustris)* | Nur Blüte über Wasser | Mai–September | grün |
| Gewöhnliche Teichbinse *(Schoenoplectus lacustris)* | 100–300 cm | Juni–Juli | bräunlich |
| Schwanenblume *(Butomus umbellatus)* | 50–150 cm | Juni–August | rosa |
| Froschbiß *(Hydocharis morsus-ranae)* | Nur Blüte über Wasser | Juni–August | weiß |
| Wasserschlauch *(Utricularia vulgaris)* | Nur Blüte über Wasser | Juni–August | gelb |
| Wasserknöterich *(Polygonum amphibium)* | 30–100 cm | Juni–September | rosa |
| Seekanne *(Nymphoides peltata)* | Nur Blüten über Wasser | Juli–August | gelb |

gb

## Tiefwasserzone

Die Tiefwasserzone schließt an die Flachwasserzone an und ist an ihrer tiefsten Stelle in der Regel etwa 1 m tief.
Da in diesem Bereich die Lichtdurchlässigkeit wesentlich von den im Wasser schwebenden sowie gelösten anorganischen und organischen Stoffen abhängt, wird die Lichtmenge erheblich reduziert, und nur ein Bruchteil erreicht noch den Gewässergrund.
Eine weitere Verringerung des Lichteinfalles tritt durch die Abdeckung der Wasseroberfläche durch die Schwimmblätter etlicher Schwimm- und Wasserpflanzen ein. Dadurch steigen und sinken die Wassertemperaturen in diesem Bereich auch nicht so schnell wie in den beiden anderen Zonen. Selbst im Winter, wenn der Teich durch eine Eisdecke nach außen hin verschlossen ist, hat das Wasser am Grund der Tiefwasserzone noch immer etwa +4 °C.
Somit bildet die Tiefwasserzone ein ziemlich ausgeglichenes Klima, so daß sich im Winter sehr viele Tiere hierhin zurückziehen, um frostfrei zu überwintern, und im Sommer, wenn es in der Sumpf- und Flachwasserzone zu hell oder warm wird, um Kühle zu finden.

## Das Leben in der Tiefwasserzone

Von den Pflanzen der Tiefwasserzone werden entsprechende Anpassungen verlangt, denn sie alle benötigen Licht für ihre Existenz und müssen dafür sorgen, daß sie davon auch genügend bekommen. So gibt es Arten, die am Grund wurzeln und mittels langer Sprosse und Stiele die Wasseroberfläche erreichen, z. B. Seerose und Teichrose. Andere Arten schwimmen frei im Wasser, dicht unter der Wasseroberfläche und entziehen die notwendigen Nährstoffe direkt dem Wasser. An der tiefsten Stelle der Tiefwasserzone bildet sich durch abgestorbene Tiere und Pflanzenteile eine Schlammschicht. Hier müssen wir darauf achten, daß diese Schicht nicht zu stark wird, denn bei zu üppigem Ansammeln organischen Materials nimmt der Sauerstoffgehalt in diesem Bereich erheblich ab, so daß die Tiere, die von dem verrottenden Material leben, oftmals an Sauerstoffmangel sterben. Dann werden die angesammelten Schlammteilchen oft nur noch über Fäulnisprozesse durch anaerobe Bakterien abgebaut. Dabei entstehen dann Kohlendioxid und Methan sowie übelriechende Gase (Schwefelwasserstoff, Ammoniak), die zu einem Massensterben der Wasserorganismen führen können.
Als einer der unermüdlichsten Vertilger verwesender Pflanzen- und Tierteile erweist sich die Ohrschlammschnecke (S. 101), die man häufig in der Schlammschicht findet. Ihre raupenförmigen Eischnüre legt die Schnecke besonders gerne in den oberen Schichten des Gewässers, in denen das Wasser wärmer ist, an Pflanzenteile ab. Hier entwickeln sich die Nachkommen deutlich schneller als in den unteren, kühleren Wasserschichten.

Zur Pflege des Gartenteiches gehört daher unbedingt die Kontrolle der Schlammschicht! Ist sie zu stark, so sollte man nicht zögern, das Wasser aus dem Gartenteich abzulassen, die Schlammschicht zu entfernen und den Teich wieder neu zu füllen!
Keschert man vorher einen Großteil der tierischen Lebewesen ab, verwahrt diese mit Wasser aus dem Teich in Wannen und reduziert auch noch das zu üppig gewordene Pflanzenmaterial, dann hat man schon bald nach dem Zurücksetzen der Lebewesen wieder einen gut funktionierenden „Lebensraum Gartenteich“!
Typische Pflanzen der Tiefwasserzone sind See- und Teichrose. Aber auch die langen Triebe der verschiedenen Laichkräuter ragen in diese Zone hinein. Die Blätter, aber auch die aus dem Wasser ragenden Blüten werden von vielen Insekten und anderen Tieren gerne als Landeplatz oder Aufenthaltsort in Anspruch genommen. Einige Libellen-Arten sind sogar zur Fortpflanzung auf das Vorhandensein von Schwimmblattpflanzen angewiesen, an die sie ihre Eier ablegen.
Das ausdauernde, bis zu 1 m lang werdende, untergetaucht lebende Gemeine Hornkraut mit seinen zarten, zerbrechlichen Stengeln und den dunkelgrünen Blättern ist ein sehr aktiver Sauerstoffproduzent. Bei guter Sonneneinstrahlung kann man häufig beobachten, wie der Sauerstoff als feine „Perlenkette“ aus den Blättern entweicht. Darüber hinaus bieten die dichten Pflanzenpolster ideale Versteckmöglichkeiten für vielerlei Tiere.
Bei klarer Sicht kann man den Kammolch (S. 114) am Grund des Gewässers sehen. Dieser Schwanzlurch fühlt sich im tieferen Bereich des Teiches am si-

chersten. Ab und zu taucht er mit schlängelnden Bewegungen und angelegten Gliedmaßen an die Oberfläche, holt dort Luft und läßt sich dann wieder auf den Boden sinken. Bei Gefahr bohrt er sich mit raschen Schlängelbewegungen sogar in die Schlammschicht ein.
Auch die Grünfrösche (S. 122) nutzen die Schlammschicht als Schutzeinrichtung.
Es gibt innerhalb des Gartenteiches keine starren Grenzen, daher tummeln sich auch auf und unter dem Wasserspiegel der Tiefwasserzone zahlreiche Tiere, die auch in den anderen Zonen vorkommen, z. B. Wasserläufer (S. 88), Rückenschwimmer (S. 94) und Wasserflöhe (S. 39). Die groß werdenden Schneckenarten, z. B. Schlammschnecke (S. 102) und Posthornschnecke (S. 103) ziehen an den langen Sprossen der Pflanzen ihre Weidebahnen. Werden sie gestört, ziehen sie sich in ihr Gehäuse zurück, stoßen dabei den Luftvorrat aus, werden dadurch schwerer und sinken in den sicheren, tiefen Wasserteil hinunter.

**Pflanzen für die Tiefwasserzone**

| Name | Blütezeit | Blütenfarbe |
|---|---|---|
| Schwimmendes Laichkraut *(Potamogeton natans)* | Mai–August | grün |
| Krebsschere *(Stratiotes aloides)* | Mai–August | weiß |
| Hornkraut *(Ceratophyllum demersum)* | Juni–August | grün |
| Tausendblatt *(Myriophyllum verticillatum)* | Juni–August | rosa |
| Seerose *(Nymphaea alba)* | Juni–August | weiß |
| Durchwachsenes Laichkraut *(Potamogeton perfoliatus)* | Juni–August | grünlich |
| Gelbe Teichrose, Mummel *(Nuphar lutea)* | Juni–September | gelb |

# Tiere im und am Gartenteich

10-30 mm

## Brauner Süßwasserpolyp

*Hydra (Pelmatohydra) oligactis/Hydra vulgaris*

Familie Süßwasserpolypen

Aussehen: Brauner Polyp mit sehr dehnbaren Fangarmen, die so lang oder länger sind als der Rumpf.

Fortpflanzung: Süßwasserpolypen können sich auf zwei verschiedene Wege vermehren: Ungeschlechtlich durch Knospung oder geschlechtlich durch Verschmelzung einer männlichen und einer weiblichen Geschlechtszelle. Bei der Knospung entstehen an den Seiten des Alttieres Knospen (siehe Bild), aus denen sich ein vollständiges Jungtier entwickelt, das sich abtrennt und selbständig weiterlebt.

Nahrung: Einzeller, Wasserflöhe, Hüpferlinge, Insektenlarven, Wassermilben. Mit den Fangarmen, die mit Nesselfäden besetzt sind, wird die Nahrung festgehalten und gelähmt und dann zur Mundöffnung geführt.

**Beobachtungstip**

Süßwasserpolypen sitzen meist auf Pflanzenteilen dicht unter der Wasseroberfläche.

Zur Beobachtung gibt man am besten einige besetzte Pflanzen in ein Glas. Durch die Störung werden sich die Polypen kugelig zusammenziehen – man muß ein Weilchen warten, bis die Tiere sich wieder ausstrecken und normal verhalten.

## Grüner Süßwasserpolyp

*Chlorohydra viridissima/Hydra viridis*

Familie Süßwasserpolypen

Aussehen: Besonders schöner Polyp mit kräftiger grüner Färbung, die durch Einlagerung von Grünalgen hervorgerufen wird. Um die Körperöffnung sitzen 6–12 Fangarme, die kürzer als der Rumpf sind.

Fortpflanzung: Vermehrt sich meist durch Knospung.

Bei der geschlechtlichen Vermehrung bilden sich kleine Pusteln (Hoden) unter dem Tentakelkranz, weiter unten am Körper gestielte Eier. Nach der Befruchtung schlüpft im folgenden Frühjahr ein fertiger, kleiner Polyp.

Nahrung: Einzeller, Wasserflöhe, Hüpferlinge, Wassermilben, Insektenlarven, Würmer. Sehr gefräßig. Packt und verschlingt auch größere Beutetiere (im Bild rechts). Kann sehr lange hungern.

**Beobachtungstip**

Süßwasserpolypen sitzen meist auf Pflanzenteilen und sollten zur Beobachtung mit der Unterlage in ein Glas gegeben werden. Die Polypen ziehen sich allerdings bei Störung zusammen, und es dauert eine Weile, bis sie sich wieder ausstrecken und normal verhalten.

Wenn man die Tierchen mit einer Lupe betrachtet, kann man die eingelagerten Grünalgen erkennen.

10–30 mm

**Großer Schneckenegel**

*Glossiphonia complanata*

Familie Knorpel- oder Plattenegel

Aussehen: Körper fest und knorpelig. Sehr unterschiedlich gefärbt, grün bis braun mit zwei dunklen Längsbändern und 6 Längsreihen gelblicher Warzen auf jedem dritten Körperring (siehe Bild links).

Fortpflanzung: Zwitter. Die Begattung kann ein- aber auch gegenseitig sein.

Die Eier werden in Kokons auf Pflanzen und Steinen abgelegt. Nach der Eiablage legt sich der Egel über die Eier und führt durch wellenförmige Körperbewegungen Frischwasser heran.

Nahrung: Saugt an Schnecken, Würmern und Insektenlarven. Kann nach einer guten Nahrung über 1 Jahr lang fasten.

Ein naher Verwandter ist der **Kleine Schneckenegel** *(G. heteroclita)*, Bild rechts.

**Beobachtungstip**

Schneckenegel können am leichtesten gefunden werden, wenn sie beim Fressen sind – dann sitzen sie nämlich an den Weichteilen von Wasserschnecken.

Im Beobachtungsglas kann man – vor allem beim Kleinen Schneckenegel – die dunkleren, gut gefüllten Blindsäcke des Darmes durchschimmern sehen.

60-100 mm

## Pferdeegel

*Haemopis sanguisuga*

Familie Kieferegel

Aussehen: Ziemlich großer Egel. Rücken schmutzig- bis schwarzbraun mit dunklen Längsbinden. Seiten mit gelber Linie. Bauch gelbbraun mit schwarzen Flecken.
Fortpflanzung: Zwitter mit meist gegenseitiger Begattung.
Die Eiablage erfolgt im feuchten Boden außerhalb des Teiches. Die schlüpfenden Jungegel wandern – sofern der Weg naß genug ist – wieder ins Gewässer zurück.
Nahrung: Würmer, Insektenlarven und andere weichhäutige Tiere. Die Kieferzähnchen des Pferdeegels sind zu klein und wenig zahlreich, um die Körperhülle der Beutetiere zu durchschneiden, die Beutetiere werden daher im ganzen verschlungen.

**Beobachtungstip**

Der sehr lichtscheue Pferdeegel ist hauptsächlich in sehr nährstoff- und pflanzenreichen Gartenteichen anzutreffen. Die Tiere schlängeln sich entweder durch das freie Wasser oder bewegen sich mit Hilfe ihrer Saugnäpfe spannerartig vorwärts. Dabei wird der Mundsaugnapf zunächst von der Unterlage gelöst und der Körper weit gedehnt. Dann heftet sich der vordere Saugnapf fest, der hintere wird losgelassen und vor den vorderen gesetzt.

8-15 mm

## Wasserspinne

*Argyroneta aquatica*

Familie Trichterspinnen

Aussehen: Männchen etwas größer als Weibchen. Färbung düster graubraun. Beine meist bestachelt, Hinterleib mit feinen weißen Härchen überzogen. 8 Augen, von denen 6 leicht bogenförmig angeordnet sind. Der von einer Lufthülle umgebene Hinterleib erscheint unter Wasser wie eine silberglänzende, längliche Blase (Bild rechts oben).

Fortpflanzung: Das Weibchen legt in einen abgeplatteten Kokon, der an die Decke der Wohnglocke geheftet wird, bis zu 90 Eier ab.

Nahrung: Kleine Insekten, Insektenlarven o. ä. Die Beute wird in der Luftglocke oder über Wasser verzehrt.

**Beobachtungstip**

Wasserspinnen halten sich vor allem zwischen dichten Wasserpflanzenpolstern in der Sumpfzone auf. Zwischen den Pflanzen wird unter Wasser eine „Wohnglocke“ angelegt. Dazu spinnt die Wasserspinne zunächst eine waagrechte Gespinstdecke. Dann steigt sie an die Wasseroberfläche und zieht beim Untertauchen eine Luftblase mit sich. Diese Luftblase wird dann unter Wasser unter der Gespinstdecke freigelassen. Dieser Vorgang wird so oft wiederholt, bis eine geräumige „Wohnglocke“ entstanden ist.

6–11 mm

## Streckerspinne

*Tetragnatha extensa*

Familie Streckerspinnen

Aussehen: Beine und Vorderleib rötlichgelb, Kopf dunkler. Hinterleib meist gelblichweiß, oben mit rotbraunem, blattartigem Rückenfeld verziert. 8 Augen in parallelen Reihen. 1., 2. und 4. Beinpaar stark verlängert, 3. dagegen recht kurz.

Fortpflanzung: Bei der Paarung ergreift das Männchen die gefährlichen Mundwerkzeuge des Weibchens und hält sie fest, um so dem Gefressenwerden zu entgehen. Das Weibchen legt seine Eier in einen mit flockiger, weißer Gespinstwatte eingehüllten Kokon, der an Grashalmen und Pflanzenstengeln angeheftet wird.

Nahrung: Insekten, die in dem senkrechten, weitmaschigen Radnetz gefangen werden. Kleinere Beutetiere werden gebissen, gelähmt und eingewickelt, größere erst eingewickelt, dann gebissen.

**Beobachtungstip**

Das aus nur wenigen Speichen und Spiralgängen bestehende Radnetz der Streckerspinne ist relativ leicht zu finden: Es hängt meist zwischen den höherwachsenden Pflanzen des Uferrandes. Nicht weit davon befindet sich dann auch die Spinne in ihrer typischen Ruhehaltung: die beiden vorderen Beinpaare nach vorn, die beiden hinteren nach hinten gestreckt (Name!).

6–11 mm

## Piratenspinne, Wasserjäger

*Pirata piraticus*

Familie Wolfsspinnen

Aussehen: Rückenschild meist breiter als Hinterleib, dunkelbraun, manchmal mit zartem Grünschimmer. Mittelband mit dunklerer Y-förmiger Mitte, seitlich mit weißen Härchen. Hinterleib rötlichbraun mit gelblichbraunem Herzmal, das von weißen Härchen umsäumt ist.
Fortpflanzung: Ab April sind die Piratenspinnen fortpflanzungsbereit. Die Männchen werben mit einem speziellen Tanz um die Weibchen. Die Weibchen legen ihre Eier in einen festgewebten Kokon, der an den Spinndrüsen befestigt wird. Offensichtlich leben die Weibchen länger als die Männchen, denn man sieht sie noch bis September am Teich.
Nahrung: Kleinere Insekten und andere Kleintiere, die auf, über und kurz unter der Wasseroberfläche erjagt werden.

**Beobachtungstip**

Diese Spinnen leben häufig zu mehreren vor allem im Bereich der Sumpfzone. Sie können geschickt übers Wasser laufen und ihre Beute erjagen (Name!), andererseits aber auch die Oberflächenspannung überwinden und tauchen. Zwischen den weißen Körperhärchen bleiben dabei Luftbläschen hängen, so daß die Spinne einen gewissen Luftvorrat unter Wasser besitzt.

10–22 mm

## Listspinne, Gerandete Jagdspinne

*Dolomedes fimbriatus*

Familie Jagd- oder Raubspinnen

Aussehen: Rückenschild und Hinterleib dunkelbraun mit breiten weißen oder gelblichen Rändern. Beine lang und dicht behaart. Eine der größten heimischen Spinnen.

Fortpflanzung: Ca. 3 Wochen nach der Paarung (ab Ende Juni) sieht man die Weibchen mit großen, hellen Eikokons herumlaufen. Die bis pfenniggroßen, kugelförmigen Kokons können 100–1000 Eier enthalten. Der Kokon wird zwischen den Kieferklauen nach vorne gehalten und nur zum Fressen kurz abgelegt. Kurz vor dem Schlüpfen der Jungen hängt das Weibchen den Kokon an Pflanzen fest und bewacht ihn und den schlüpfenden Nachwuchs, bis die Jungspinnen selbständig sind.

Nahrung: Insekten, die auf der Wasseroberfläche erbeutet werden, aber auch Kaulquappen, kleine Fische und Jungfrösche.

**Beobachtungstip**

Die imposante Spinne hält sich vor allem in der Sumpfzone in Ufernähe oder zwischen Pflanzen auf. Sie kann rasch über die Wasseroberfläche laufen. Die mit Härchen besetzten Beine durchstoßen dabei die Wasseroberfläche nicht, sondern dellen sie nur ein (Bild rechts oben).

5–12 mm

## Schilfradnetzspinne, Schilfradspinne

*Araneus cornutus/Nuctenea cornuta*

Familie Radnetzspinnen

Aussehen: Hellgrauer bis gelbbrauner Körper mit charakteristischem dunklem Keilfleck mit einer nach hinten erweiterten hellen Umrandung auf dem Hinterleib. Männchen kleiner als Weibchen.

Fortpflanzung: In den Sommermonaten leben Männchen und Weibchen oft gemeinsam zusammen im Schlupfwinkel. Zuweilen wird jedoch nach der Begattung das Männchen verspeist.

Die Eikokons werden geschützt in der Wohnröhre angelegt.

Die Tiere können 2 Jahre alt werden. Sie sind frostunempfindlich und können in allen Altersstufen überwintern.

Nahrung: Insekten, Insektenlarven, andere Spinnen, die im großen Radnetz gefangen werden.

**Beobachtungstip**

Die Radnetze der Schilfradspinne haben einen Durchmesser bis zu 60 cm. Sie befinden sich in Gewässernähe – vor allem in sonniger Lage zwischen hochwachsenden Uferpflanzen. Hat man das Netz entdeckt, so findet man meist auch schnell seine Eigentümerin, die sich bei Störung allerdings schnell in einen aus Pflanzenteilen versponnenen Schlupfwinkel verzieht. In diesem Gespinst überwintern die Spinnen auch.

5 mm

## Kugelwassermilbe

*Hydrachna globosa*

Familie Wassermilben

Aussehen: Praller, fast kugeliger, blutrot gefärbter Körper mit 4 Beinpaaren, von denen die hinteren drei mit zahlreichen Schwimmborsten besetzt sind. Bei genauerem Hinsehen (Lupe) erkennt man im Mundbereich einen längeren, schmalen, abwärts gebogenen Rüssel, der als Stech- und Saugorgan dient (Bild links).

Fortpflanzung: Die Weibchen befestigen ihre Gelege an Wasserpflanzen. Die schlüpfenden Larven machen bis zur Geschlechtsreife mehrere Entwicklungsstadien durch. Die ersten Larven (Nymphen) besitzen im Gegensatz zum erwachsenen Tier nur 3 Beinpaare. Sie saugen sich an Wirtstieren (kleinere Insektenlarven z. B.) fest.

Nahrung: Die Milben ernähren sich räuberisch von Wasserflöhen, Hüpferlingen, kleineren Insektenlarven. Die Beute wird mit den gegliederten Anhängen der Mundwerkzeuge gepackt, angestochen und ausgesaugt, auch die Larven leben vom Blut ihrer Wirtstiere.

**Beobachtungstip**

Am leichtesten entdeckt man diese kleinen Tierchen zwischen Steinen im seichten Wasser der Sumpfzone. Bei Störungen flüchten sie allerdings in tiefere Wasserschichten, daher vorsichtig nähern.

6–12 mm

## Wasserassel

*Asellus aquaticus*

Familie Wasserasseln

Aussehen: Ziemlich gleichbreiter, gestreckter, flacher Körper. Färbung bräunlichgrau bis dunkelviolett mit einigen helleren Flecken. Brustteil mit 7 Paar Schreitbeinen. Hinterleibsringe zu einer größeren Platte verschmolzen. Die Weibchen besitzen eine Bruttasche, die von vorspringenden Platten der vorderen Schreitbeine gebildet wird.

Fortpflanzung: Das ganze Jahr über kann man trächtige Weibchen mit weißlichen Eiern (bis zu 50) im Brutraum finden, die Haupteiablage findet aber im Frühjahr statt. Die Jungen ähneln bereits den Alttieren, bleiben jedoch noch 3–6 Wochen (bis nach der 1. Häutung) im Brutraum.

Nahrung: Abgestorbene Pflanzen.

**Beobachtungstip**

Mit Wasserasseln ist vor allem an flacheren Stellen des Gartenteiches zwischen abgestorbenen Wasserpflanzen zu rechnen. Die Tierchen klettern zwischen den Pflanzenteilen herum und durchwühlen am Boden die Abfallschichten nach Freßbarem. Im Frühjahr kann man mit etwas Glück auch die Paarung der Tiere beobachten (siehe Bild). Die Männchen sitzen auf dem Rücken der Weibchen, legen zur Begattung aber die Bauchseiten aneinander.

0,8-1,5 mm

## Wasserfloh

*Daphnia pulex*

Familie Wasserflöhe

Aussehen: Niederer Krebs mit seitlich zusammengedrücktem, sattelartigem Körper, der von einer zweiklappigen Schale umgeben ist, die nach hinten in einen Stachel ausläuft. Fast durchsichtig, gelblich bis gelblichrot. Besonders auffällig das große Facettenauge. Die Fühler bilden zweispaltige Ruderbeine mit Schwimmborsten am Ende. Männchen kleiner als Weibchen.

Fortpflanzung: Vermehrt sich durch Befruchtung und Jungfernzeugung. Im Frühjahr schlüpfen aus den Eiern ausschließlich Weibchen, die durch Jungfernzeugung Sommereier legen, aus denen wiederum Weibchen schlüpfen. Bei ungünstiger Witterung werden jedoch Eier gelegt, aus denen zum Teil Männchen schlüpfen. Nach der Befruchtung produzieren die Weibchen dickschalige Dauereier zum Überwintern.

Nahrung: Planktonalgen.

**Beobachtungstip**

Wasserflöhe sind überall im Wasser zu finden; sie fallen vor allem durch ihre ruckartigen Bewegungen auf.
An sonnigen Tagen bilden die Tiere an warmen Stellen im Wasser oft dichte Schwärme, die das Wasser rosa erscheinen lassen.

1-2 mm

## Hüpferling

*Cyclops* sp.

Familie Ruderfußkrebse

Aussehen: Niederer Krebs mit langgestrecktem, deutlich gegliedertem Körper. Das letzte Segment bildet eine Schwanzgabel mit langen, gefiederten Schwanzborsten (Schwebevorrichtung). Brustteil mit 5 Paar Spaltfüßen, Kopf mit 2 Antennen und einem Komplexauge (Name!). Graugelb bis durchsichtig.
Fortpflanzung: Das Männchen überträgt die Samen in einem kleinen Paket, das am Weibchen festgeheftet wird und bis zu dessen Tod an ihm heften bleibt.
Die Weibchen können 2 Sorten Eier produzieren: Dauereier für ungünstige Bedingungen und Eier, die sich sofort entwickeln. Die Eier werden in 2 Eisäckchen verpackt (siehe Bild) und ca. 10 Tage vom Weibchen herumgetragen.
Innerhalb von 1 Monat entwikkeln sich die geschlüpften Larven über 11–12 Häutungen zum erwachsenen Tier.
Nahrung: Plankton.

**Beobachtungstip**

Hüpferlinge können überall im Gartenteichwasser beobachtet werden, wenn sie im Wasser auf der Suche nach Nahrung umherstreifen, bevorzugt halten sie sich aber im Bereich zwischen den Uferpflanzen auf.

1–2 mm

## Muschelkrebse

(Viele verschiedene Arten)
Ordnung Ostracoda

Aussehen: Winzige Niedere Krebse mit zweiklappiger, muschelartiger Schale. Reinweiß, grau oder braun mit Schattierungen.
In der Körpermitte ein einzelnes Auge. 2 Antennenpaare, die der Fortbewegung dienen.
Großer Formenreichtum, der eine gute Anpassung an verschiedene Gewässertypen zeigt.

Fortpflanzung: Muschelkrebse legen Eier, entweder einzeln oder zu Gelegen vereint.
Die Eier machen zuerst eine Ruhephase durch.
Die schlüpfenden Larven wachsen unter ständigem Häuten heran. Sie besitzen zuerst 3, später 7 Gliedmaßenpaare.
Nahrung: Verwesende Pflanzenteile, Aas.

**Beobachtungstip**

Die meisten der süßwasserbewohnenden Muschelkrebse halten sich in nährstoffreichen, pflanzenreichen Gewässern vor allem an senkrechten Flächen auf. Einige Arten sind dafür bekannt, daß sie sich durch den Schlamm wühlen, manche kriechen und klettern, einige können sogar gut schwimmen.
Bei Gefahr werden die Schalen zusammengeklappt, und die Tierchen lassen sich auf den Bodengrund sinken.

1-1,5 mm

**Wasserspringschwanz**
*Podura aquatica*
Familie Wasserspringschwänze

Aussehen: Urinsekten mit plumpem, gedrungenem Körper, der in Kopf, 3 Brust- und 6 Hinterleibssegmente gegliedert ist. Mit einschlagbarer Springgabel am Hinterende. Diese wird in der Ruhe mit der Spitze nach vorn an den Bauch angelegt und dort in einer Halterung festgeklemmt. Schwarz bis blauschwarz.
Fortpflanzung: Die Männchen prüfen mit ihren Fühlern, ob das Weibchen schon geschlechtsreif ist. Wenn ja, setzen sie neben der Partnerin einen aus Samentropfen bestehenden Palisadenzaun, so daß das Weibchen um eine Befruchtung gar nicht „herumkommt". Aus den glatten, rundlichen Eiern schlüpfen weiße Nymphen, die nach 5 Häutungen erwachsen sind.
Nahrung: Pflanzliche und tierische Stoffe.

**Beobachtungstip**

Wasserspringschwänze sind meist in Ufernähe als kleine bewegliche dunkle Pünktchen auf der Wasseroberfläche zu erkennen. Im Frühjahr sieht man sie oft massenweise auf Nahrungssuche umherkriechen. Bei Störungen beginnen sie lebhaft umherzuspringen. Zwischen den dunklen Pünktchen liegen oft viele weiße, abgeworfene Häute (siehe Bild).

5–17 mm | FS 12 mm

## Eintagsfliegen
(Viele verschiedene Arten)
Ordnung Ephemeroptera

Aussehen: Kleine bis mittelgroße Insekten mit zwei oder drei langen Schwanzanhängen und einem oder zwei Paar zarter Flügel. Die hinteren Flügel sind stets viel kleiner oder fehlen ganz. In Ruhestellung sind die Flügel ganz oder schräg nach oben geklappt.
Bestimmung der einzelnen Arten sehr schwierig!
Fortpflanzung: Die Männchen ergreifen mit ihren langen Vorderbeinen die Weibchen in der Luft und paaren sich mit ihnen. Wenn das Paar den Boden erreicht, ist die Paarung bereits erfolgt, das Männchen stirbt alsbald. Das Weibchen beginnt sofort mit der Eiablage. Es fliegt dabei dicht über der Wasseroberfläche und taucht ab und zu das Hinterende ein. Danach erreicht auch sein Leben bald das Ende: Das ermattete, auf dem Wasser treibende Weibchen wird nun für viele räuberische Gartenbe- und -anwohner ein leichtes Opfer.
Je nach Art leben Eintagsfliegen 1 Tag bis 1 Woche.
Die schlüpfenden Larven (Bilder Seite 44 und 45 oben) unterscheiden sich ebenfalls je nach Art, allen gemeinsam sind jedoch folgende Merkmale:
Langgestreckter Körper, der in Kopf, Brust und 9 Hinterleibsringe eingeteilt ist. Kopf mit zwei langen Fühlern, 2 Netzaugen, die bei männlichen Larven besonders groß sind, und langen, dolch-

artigen Oberkiefern. Brust mit 3 Paar Beinen mit Endkrallen. Hinterleib mit 2–3 verschieden langen (je nach Art) Schwanzborsten am Ende und Tracheenkiemen an den Seiten.
Erwachsene Larven erkennt man an den dunklen Flügelscheiden, die schon auf die ersten Hinterleibsringe reichen. Unter der letzten Larvenhaut bildet sich dann die Körperdecke des geflügelten Insekts. Zwischen Larvenhaut und Körperdecke sammelt sich immer mehr Luft an, so daß die schlüpfbereiten Larven schließlich wie ein Korken an die Wasseroberfläche getrieben werden. Hier schlüpft dann das fertige Insekt (Bild rechts unten), das aber erst nach der nächsten Häutung zum geschlechtsreifen Vollinsekt wird.
Nahrung: Erwachsene Tiere nehmen keine Nahrung zu sich, die Larven leben von organischen Schlammteilchen und vom Algenbelag auf Pflanzen und Steinen.

**Beobachtungstip**

Eintagsfliegen sind vorwiegend nachtaktiv, tagsüber kann man sie im Uferbereich auf Pflanzen ruhend antreffen.
Die im Teich lebenden Larven sitzen meist ruhig auf Wasserpflanzen oder auf der Unterseite von Steinen. Manchmal kriechen sie auch – mit Schlammteilchen bedeckt und vorzüglich getarnt – langsam am Gewässergrund entlang. Werden die Tierchen aufgestört, so schwimmen sie, mit ihren Haarsäumen schlagend, relativ rasch davon.

## Kleinlibellen oder Schlankjungfern
Unterordnung Zygoptera

Wie der Name schon aussagt, handelt es sich bei den Kleinlibellen um relativ kleine bis mittelgroße Libellen. Sie besitzen einen quergestellten, hantelförmigen Kopf und einen schlanken, zylindrischen Hinterleib.
Eine genaue Bestimmung der einzelnen Arten ist für den Laien recht schwierig, da sie sich – abgesehen von der Hinterleibszeichnung – im äußeren Erscheinungsbild sehr stark ähneln. Einen Hinweis, zumindest auf die Familienzugehörigkeit, liefert die Stellung der Flügel in Ruhehaltung:
Bei den Teichjungfern, die hin und wieder als Gäste am Gartenteich zu beobachten sind, werden die Flügel in Ruhe meist schräg nach hinten ausgebreitet.
Bei den Schlanklibellen klappen die Flügel in Ruhestellung dagegen nach hinten zusammen.
Beim Bestimmen der Arten ist es hilfreich, etwas über die artspezifischen Verhaltensweisen (z. B. Flugweise, Art der Eiablage, Paarungsverhalten) zu wissen.
Zu den Kleinlibellen gehören u. a. folgende Familien:
Schlanklibellen (*Coenagrionidae*), Teich- oder Binsenjungfern (*Lestidae*).
Die häufigsten 6 Arten werden im folgenden (Seite 49–55) etwas genauer vorgestellt.
In seinen Grundzügen entspricht der Körper der Kleinlibellen-Lar-

ve (Bild Seite 46) dem des fertigen Tieres.
Die Larven sind je nach Art mehr gelblich, grünlich oder bräunlich. Drei schmale, blattartige Anhänge am Hinterleib dienen ihnen als Ruder- und Steuerorgan. Da sie von feinen Atemröhrchen (Tracheen) durchzogen sind, unterstützen sie zudem die Atmung.
Die Unterlippe der Libellenlarven wurde zu einem zweigliedrigen Greiforgan, das an einem Ende ein Paar bewegliche, mit Zähnchen oder Dornen versehene Fortsätze trägt: die Fangmaske. Sie liegt in Ruhestellung an der Unterseite des Kopfes und der Brust.
Kleinlibellen-Larven halten sich bevorzugt in der Vegetation des Gewässers auf. Einige Arten findet man auch am Boden umherlaufend oder im Schlamm eingegraben.
Sie lauern ihrer Beute auf, die sie dann blitzschnell mit der Fangmaske ergreifen.
Gefressen werden alle möglichen Wassertierchen – aber auch kleinere Artgenossen.
Bis zum Erreichen der ausgewachsenen Larve müssen sich die Tiere etliche Male häuten. Die ausgewachsene Larve kriecht dann an Wasserpflanzen über die Wasseroberfläche hinaus, krallt sich an der Pflanze fest und verläßt nach dem Platzen der Rükkenhaut ihre alte Körperhülle – das fertige Insekt schlüpft aus (siehe Bilder Seite 47 und 48).
Wenn Flügel und Körper getrocknet sind – eine gefährliche Zeit für das Tier, da es wehrlos Freßfeinden ausgesetzt ist – erhebt sich die Libelle zu ihrem ersten Flug.

30 mm | FS 40 mm

## Hufeisen-Azurjungfer

*Coenagrion puella*

Familie Schlanklibellen

Aussehen: Männchen hellblau, Weibchen gelbgrün bis braungelb mit großflächigerer und dunklerer Hinterleibszeichnung als beim Männchen.
Fortpflanzung: Die Männchen füllen vor der Partnersuche ihre Samentaschen, ergreifen sitzende Weibchen mit ihren Hinterleibszangen und vollziehen dann eine etwa 15 Minuten dauernde Paarung. Das Paar sucht dann gemeinsam (in Tandemstellung) geeignete Pflanzen nahe der Wasseroberfläche zur Eiablage auf. Das Weibchen sticht die Eier in die Pflanzen. Es taucht dabei aber nicht unter Wasser – wie das bei anderen Azurjungfern der Fall ist. Die schlüpfenden Larven leben zunächst an der Unterseite der schwimmenden Blätter, später am Teichboden. Sie überwintern einmal.
Die Libellen schlüpfen dann von Mai bis August in den frühen Morgenstunden. Ihre Lebensdauer beträgt nur ca. 4 Wochen.
Nahrung: Kleinere Fluginsekten, die im Flug erbeutet werden.

**Beobachtungstip**

Hufeisen-Azurjungfern streunen vor allem in der Krautschicht am Teichufer umher. Hier finden sie sich nachts auch zu größeren Schlafgesellschaften zusammen.

30 mm | FS 40–45 mm

## Fledermaus-Azurjungfer

*Coenagrion pulchellum*

Familie Schlanklibellen

Aussehen: Männchen blau, Oberseite des Hinterleibs sehr dunkel gefärbt, 2. Segment mit fledermausähnlicher Zeichnung. Weibchen meist grün oder braungrün.

Fortpflanzung: Die Männchen suchen nach etwa 2 Wochen Reifezeit nach einem Weibchen. Die Paarung findet meist um die Mittagszeit statt, wobei das im Flug verfolgte Weibchen durch Auffliegen zur Landung gezwungen wird. Oft sitzt das Paar längere Zeit in Tandemstellung zusammen, ehe die Paarung beginnt und das Paarungsrad gebildet wird. Die Eier werden in Wasserpflanzen eingestochen, dabei taucht das Weibchen auch unter das Wasser. Die schlüpfenden Larven leben zwischen totem Pflanzenmaterial.

Sie überwintern einmal.

Die Libellen fliegen von Mai bis September.

Nahrung: Fliegende Insekten, die im Flug gefangen werden.

**Beobachtungstip**

Fledermaus-Azurjungfern halten sich bevorzugt an stark verkrauteten Gartenteichen im Bereich der Schwimmblätter von Wasserpflanzen auf. An einem frisch angelegten Gartenteich kann diese Art oft die erste sein, die ihn zur Eignung als Laichgewässer testet.

30 mm | FS 40 mm

## Becher-Azurjungfer

*Enallagma cyathigerum*

Familie Schlanklibellen

Aussehen: Männchen azurblau mit geringer dunkler Zeichnung, blaue Augen. Weibchen blau bis grünlich, ab dem 3. Hinterleibssegment blaßrosa bis blaßbraun, Augen grünlich.

Fortpflanzung: Mit Erreichen der Geschlechtsreife werden die Männchen zunehmend aggressiver, sie verteidigen aber keine Reviere. Begegnet ein Männchen einem Weibchen, so stößt es blitzartig zu und hält es mit den Beinen am Brustbereich fest. Beide Tiere fallen dann aufs Wasser oder auf Pflanzen. Nun packt das Männchen das Weibchen mit den Hinterleibszangen. Beide bilden anschließend das Paarungsrad.
Das Weibchen beginnt bald mit der Eiablage.
Die schlüpfenden Larven leben zwischen Wasserpflanzen. Sie überwintern einmal.
Die Libellen fliegen von Anfang April bis Mitte September.

Nahrung: Kleine Fluginsekten, die im Flug gefangen werden.

**Beobachtungstip**

Diese Kleinlibelle hält sich besonders gerne im Bereich von Algenpolstern, die auf der Wasseroberfläche schwimmen, oder flutenden Wasserpflanzen auf. Flug langsam und geradlinig. Nachts pressen sich die Libellen an hohe Grashalme o.ä. an.

30 mm | FS 35-40 mm

## Große Pechlibelle

*Ischnura elegans*

Familie Schlanklibellen

Aussehen: Männchen mit schwarzer Kopfoberseite und je einem kreisrunden Fleck neben den Augen. Hinterleib schwarz, ein hellblauer Ring umgibt das 8. Segment. Junge Männchen haben nach dem Schlüpfen einige Tage eine graublaue Brust.
Weibchen in vielen verschiedenen Farbvariationen.
Fortpflanzung: In Luftkämpfen teilen sich die Männchen die jeweiligen Reviere auf. Heranfliegende Weibchen werden sofort von den geschlechtsreifen Männchen ergriffen. Die Paarung kann mehrere Stunden dauern.
Nach der Paarung fliegen die Weibchen allein zur Eiablage. Diese erfolgt versteckt zwischen krautigen Wasserpflanzen, vor allem Tausendblatt (*Myriophyllum*) wird gerne aufgesucht. Bis in die späte Nacht hinein kann man die Weibchen bei der Eiablage beobachten.
Die Larven halten sich zwischen den Pflanzen auf. Sie entwickeln sich sehr schnell, so daß in warmen Sommern und warmen Ge-

**Beobachtungstip**

Die Männchen besetzen gerne aus dem Wasser ragende Halme. Mit Luftkämpfen teilen sie sich die Reviere auf. Als Paarungsrad sieht man diese Libelle oft stundenlang auf Pflanzen sitzen.

genden 2–3 Generationen pro Jahr schlüpfen können.
Die Libellen fliegen von Mai bis September. Bei Temperaturen unter 15 °C fliegen Große Pechlibellen in der Regel nicht mehr.
Nahrung: Fluginsekten, die im Flug gefangen werden.

35 mm | FS 40–45 mm

## Frühe Adonislibelle

*Pyrrhosoma nymphula*

Familie Schlanklibellen

Aussehen: Körper leuchtend rot, Flügel und Beine schwarz.

Fortpflanzung: Die Männchen ergreifen die Weibchen im Flug. Schon früh am Morgen können angekoppelte Paare beobachtet werden. In Tandemstellung fliegt das Paar zur Eiablage. Das Weibchen sticht die Eier in Schlangenlinien in Pflanzenstengel ein. Die Auswahl der in Frage kommenden Pflanzen ist groß: z. B. Wasserminze, Laichkraut, Hornblatt, Froschbiß. Während der Eiablage kann das Paar sogar unter die Wasseroberfläche klettern.

Die schlüpfenden Larven halten sich im Bereich der Pflanzen auf, am Ende ihrer Entwicklungszeit, die 1–3 Jahre dauern kann, wandern sie jedoch bis zu 2 Meter vom Laichgewässer weg und klettern sogar bis zu 2 Meter an Pflanzen hoch. Hier krallen sie sich fest, und der Schlüpfvorgang beginnt. Die Libellen fliegen von April bis August.

Nahrung: Fluginsekten.

**Beobachtungstip**

Die Frühe Adonislibelle ist sehr flugunlustig und hält sich meist in der Ufervegetation auf. In Ruhestellung sind ihre Flügel stets leicht geöffnet. Lediglich auf der Partnersuche oder bei Störungen scheint diese Libelle zu fliegen.

35 mm | FS 40–45 mm

**Gemeine Binsenjungfer**
*Lestes sponsa*
Familie Binsenjungfern

Aussehen: Brust und Hinterleib der Männchen oberseits metallisch-grün, 1. Hinterleibssegment und letzte Hinterleibsringe stets blau bereift, Augen intensiv blau. Weibchen mit kupfern glänzender Oberseite und violettgrauer Unterseite.
Fortpflanzung: Die paarungsbereiten Männchen sitzen auf einer Warte, die eine gute Rundumsicht bietet. Paarungswillige Weibchen lassen sich während des Fluges vom Männchen ergreifen. Gemeinsam sucht das Paar senkrecht im Wasser stehende Pflanzen zur Eiablage auf.
Das Weibchen „sägt“ die Pflanze auf und legt jeweils 2 Eier in den entstandenen Schlitz. Die Eier überwintern im Pflanzenstengel und entwickeln sich erst im nächsten Frühjahr. Die Larven leben am Teichgrund zwischen Pflanzen. Nach ca. 8 Wochen schlüpft die Libelle, die von Juni bis Oktober fliegt.
Nahrung: Kleinere Fluginsekten.

**Beobachtungstip**

Die Gemeine Binsenjungfer hält sich – wie ihr Name schon sagt – vor allem in Binsen am Gewässerrand auf. Sie sitzen so an den aufrechtstehenden Halmen, daß ihr Hinterleib in einem Winkel von 60° abgespreizt ist, die Flügel sind dabei halb geöffnet.

## Großlibellen oder Drachenflieger
Unterordnung Anisoptera

Bei den Großlibellen handelt es sich – wie der Name schon sagt – um mittelgroße bis große Libellen mit kräftigem Hinterleib. Vorder- und Hinterflügel sind verschieden geformt. Sie werden in Ruhestellung meist waagrecht ausgebreitet gehalten. (Einige Segellibellen drücken sie auch nach vorne unten.)
Der kräftige, meist annähernd halbrunde Kopf trägt große Augen, die sich zumeist auf dem Scheitel berühren.
Zu den Großlibellen rechnen u. a. folgende Familien:
Edellibellen (*Aeshnidae*), Falkenlibellen (*Corduliidae*) und Segel- oder Kurzlibellen (*Libellulidae*). Die 8 häufigsten Arten werden auf den Seiten 60–69 näher beschrieben.
Die Larven der Großlibellen (siehe Bild oben und rechts) wirken düster und können einige Zentimeter lang werden. Sie besitzen keine Ruderblättchen am Hinterende, dafür aber 5 kräftige, gespreizte Stacheln. Hält man die Larve fest, so versucht sie durch Krümmung des Körpers mit diesen Stacheln zu stechen.
Auffallend sind die im Verhältnis zum Körper dünnen Beine und die sichtbaren Flügelstummel, die bei jeder Häutung mitwachsen.
Die Fangmaske (Helmmaske) ist groß. Mit ihr können sogar Tiere ergriffen werden, die ein erhebli-

ches Stück größer als die Larve selbst sind.
Großlibellen-Larven leben räuberisch von allerlei Wassertieren (z. B. Kaulquappen Bild Seite 57) und scheuen sich auch nicht, Artgenossen zu verspeisen (Bild Seite 56).
In der Regel sind die Larven der Großlibellen im Schlamm oder unter Steinen am Gewässergrund verborgen.
Bis zur ausgewachsenen Larve machen Großlibellen-Larven 9–15 Häutungen durch. Die ausgewachsene Larve – nun Nymphe genannt – klettert bei guter Witterung (trocken und warm) an einem Pflanzenstengel aus dem Wasser über die Wasseroberfläche, krallt sich am Stengel fest und beginnt zu schlüpfen (siehe Bilder links und oben).
Der Schlüpfakt dauert ¾ bis 2 Stunden und ist die gefährlichste Zeit im Leben einer Großlibelle, denn jetzt ist das Tier weich und hilflos und allen Freßfeinden ausgeliefert.
Durch pumpende Bewegungen schwillt die Brust an und sprengt an einer extra dafür vorgesehenen Stelle auf dem Rücken des Mittelbruststückes die Haut. Langsam schiebt sich nun das fertig entwickelte Tier aus seiner Hülle (Exuvie), entfaltet die knitterigen Flügel und fliegt, sobald Körper und Flügel getrocknet sind (nach etwa 1–2 Stunden) zum ersten Mal in seinem Leben.
Die Entwicklungszeit vom Ei zum fertigen Insekt dauert bei Großlibellen 1–4 Jahre.
Kleinlibellen brauchen für ihre Entwicklung etwa 1 Jahr – in wärmeren Gegenden sind sogar mehrere Generationen im Jahr möglich!

70 mm | FS 95–110 mm

## Blaugrüne Mosaikjungfer
*Aeshna cyanea*
Familie Edellibellen

Aussehen: Männchen mit blaugrünem Hinterleib und 3 himmelblauen Flecken am Hinterende, Brust braun, oberseits mit zwei breiten, hellgrünen Flecken. Weibchen grünbraun gefärbt.
Fortpflanzung: Die geschlechtsreifen Männchen patrouillieren zwischen verschiedenen Gewässern hin und her und sind ständig auf der Suche nach paarungswilligen Weibchen. Nach der Paarung legen die Weibchen ihre Eier in Moos, verwelkte Pflanzen oder moderndes Holz im Uferbereich oder einfach in den feuchten Uferboden. Die Eier überwintern. Die Larven, die meist auf dem Gewässergrund leben, benötigen 2–3 Jahre, bis sie sich so weit entwickelt haben, daß sie das Gewässer verlassen und sich umwandeln können. Die Libellen fliegen von Juni bis November.
Nahrung: Fluginsekten bis 35 mm Spannweite, die über dem Wasser, aber auch fernab des Gewässers fliegend erjagt werden.

**Beobachtungstip**

Diese große Libelle ist nicht ständig am Gartenteich anzutreffen, denn zu ihrem großen Revier gehören viele verschiedene Gewässer; selbst im Wald kann man diese Art fliegen sehen. Viel eher wird man die großen Larven am Teichboden laufen sehen.

70–80 mm | FS 95–110 mm

## Große Königslibelle

*Anax imperator*

Familie Edellibellen

Aussehen: Männchen (siehe Bild) mit kräftig azurblauem Hinterleib und schwarzer Zeichnung auf der Oberseite, Brustseiten bläulichgrün, Augen oben blau, unten grün. Weibchen grünlicher, Flügel gelblichbraun getönt.

Fortpflanzung: Die Männchen jagen dicht über der Schwimmblattzone nach paarungsbereiten Weibchen, die rasch ergriffen werden. Die Weibchen koppeln sich daraufhin an das Kopulationsorgan des Männchens an. (Paarungsunwillige Weibchen biegen ihren Hinterleib nach unten.) Anschließend setzt sich das Paar im Uferbereich nieder. Die Paarung dauert nur etwa 5–10 Minuten. Danach sucht sich das Männchen ein neues Weibchen, das Weibchen eine geeignete Eiablagestelle. Die Eier werden in die Stengel von Schwimmpflanzen gelegt.

Die Larven leben zwischen Pflanzen. Je nach Klima benötigen sie 1–2 Jahre zur Entwicklung.

Die Libellen fliegen von Juni bis August.

Nahrung: Vor allem Schmetterlinge.

**Beobachtungstip**

Seltener Gast am Gartenteich. Gegen Abend kann man diese Libellen bei der Jagd beobachten. Wendige und ruhige Flieger.

45-50 mm | FS 70 mm

## Gemeine Smaragdlibelle

*Cordulia aenea*

Familie Falkenlibellen

Aussehen: Männchen und Weibchen gleich gefärbt: düster metallisch grün bis kupferfarben, Augen grün bis bronzefarben, Flügel an der Basis gelblich.

Fortpflanzung: Die Männchen suchen im Rüttelflug die Buchten der Uferzone nach Weibchen ab. Diese werden in der Luft ergriffen. Ein charakteristisches Flügelknistern verkündet die stattfindende Kopulation. Anschließend fliegen die Weibchen allein zur Eiablage in Ufernähe. Rüttelnd schütteln sie 10–20 Eier enthaltende Päckchen ans Hinterleibsende, dann peitschen sie mit dem Hinterleib den Wasserspiegel und streifen so die Eier ab, die in weitem Umkreis verstreut werden. Die herabsinkenden Eier bilden gallertige Hüllen – dadurch bleiben sie an Pflanzen hängen. Die schlüpfenden Larven halten sich zwischen Pflanzen am Gewässergrund auf. Sie entwickeln sich innerhalb von 2–3 Jahren.

Flugzeit Mai bis August.

Nahrung: Fluginsekten, vor allem Eintagsfliegen.

**Beobachtungstip**

Schon früh am Morgen segelt diese Libelle mit leicht erhobenem Hinterleib über den Wasserspiegel. Hin und wieder verharrt sie im Rüttelflug auf der Stelle, fliegt ein Stück und rüttelt erneut.

40–45 mm | FS 70–80 mm

## Plattbauch

*Libellula depressa*

Familie Segellibellen

Aussehen: Hinterleib breit und abgeplattet. Ausgefärbte Männchen (Bild oben) haben einen hellblauen Hinterleib mit gelben Seitenflecken und dunkelbraune Flecken an der Flügelbasis. Junge Männchen ähneln den Weibchen (Bild rechts oben), sie sind mehr olivbraun.

Fortpflanzung: Von einer Sitzwarte aus werden die Weibchen erspäht und im Flug ergriffen. Die Paarung dauert nur etwa 30 Sekunden, anschließend sucht das Weibchen sonnig liegende, dichte Wasserpflanzenbestände zur Eiablage auf. Im Rüttelflug schlägt es alle 2–3 Sekunden mit der Hinterleibsspitze ins Wasser. Dabei werden die Eier so präzise in eine feste Pflanzenschicht gelegt, daß sie alle genau nebeneinander liegen. Die Männchen bewachen im Rüttelflug die Eiablage. Die Larven (Bild rechts unten) graben sich am Gewässergrund ein. Sie brauchen 1–2 Jahre zur Entwicklung. Die Libellen fliegen von Mai bis Juli.

Nahrung: Fluginsekten.

**Beobachtungstip**

Diese Libelle gehört zu den ersten Arten, die sich an einem frisch angelegten Gartenteich einstellen. Die Männchen besetzen gerne höhere Sitzwarten am Teich.

40–50 mm | FS 70–75 mm

## Vierfleck

*Libellula quadrimaculata*

Familie Segellibellen

Aussehen: Männchen und Weibchen gleichen sich. Jüngere Männchen haben noch ein dunkles Hinterende, werden später dann aber braunoliv.

Fortpflanzung: Von einer Sitzwarte aus starten die Männchen ihre Suche nach paarungswilligen Weibchen. Die Weibchen erscheinen gegen Mittag, werden sofort verfolgt und ergriffen. Das Auffüllen des Kopulationsapparates einschließlich der Paarung dauert lediglich 30 Sekunden. Sobald sich das Paarungsrad gelöst hat, beginnt das Weibchen hektisch mit der Eiablage. Dabei schlägt es in schnellem Takt etwa 20–40 Eier mit der Hinterleibsspitze auf die Wasseroberfläche, die es dabei berührt. Das Männchen bewacht die Eiablage.

Die Larven leben gut getarnt mit Schmutz- und Schlammteilchen am Gewässergrund. Sie benötigen ca. 2 Jahre zur Entwicklung. Flugzeit Mai bis September.

Nahrung: Fluginsekten.

**Beobachtungstip**

Erst nach Erreichen der Geschlechtsreife sind diese Libellen auf Gewässer angewiesen und auch am Gartenteich zu beobachten. Die Männchen sitzen auf höheren Uferpflanzen (Sitzwarten), von denen aus sie auf Beutejagd und Weibchensuche gehen.

35-40 mm | FS 50-60 mm

## Blutrote Heidelibelle

*Sympetrum sanguineum*

Familie Segellibellen

Aussehen: Ausgefärbte Männchen leuchtend blutrot mit schwarzen Beinen. Weibchen ockerbraun, ab und zu auch orangefarben, Beine schwarz.
Fortpflanzung: Die Paarung erfolgt durch ein überfallartiges Ankoppeln des Weibchens – sowohl im Flug als auch am Boden. Als Paarungsrad setzt sich das Paar meist während der 1–5 Minuten dauernden Paarung waagrecht nieder. Unter Führung des Männchens fliegen sie dann in Tandemstellung zur Eiablage an feuchte, schlammige Böden oder fast trockenliegende Verlandungsflächen, seltener zu freien Wasserflächen. Zur direkten Eiablage trennt sich das Paar. Das Weibchen wirft mit kleinen Wippbewegungen die Eipakete ab. Die Eier überwintern. Die im Frühjahr schlüpfenden Larven leben zwischen Pflanzen und entwickeln sich noch im selben Jahr. Flugzeit Juni bis Oktober.
Nahrung: Fluginsekten.

**Beobachtungstip**

Die Libellen sitzen gerne in Gewässernähe auf Zweigen, dabei bewegen sie ihre Augen unaufhörlich. Bei der Landung werden die Flügel ruckartig nach vorne geklappt (siehe Bild) – an heißen Tagen wird das Hinterteil steil aufgerichtet.

40–45 mm | FS 65–70 mm

**Gemeine Heidelibelle**
*Sympetrum vulgatum*
Familie Segellibellen

Aussehen: Männchen mit dunkelrotem Hinterleib und rotbrauner Brust. Weibchen mit goldbraunem Hinterleib und rechtwinklig abstehender Legescheide.
Fortpflanzung: Die Weibchen werden meist sitzend vom Männchen ergriffen. Die Kopulationszeit beträgt 5–10 Minuten. Dabei hängen die Paarungsräder oft an senkrechtstehenden Pflanzenteilen.
Das Weibchen löst das Rad und läßt das Hinterteil hängen. Dieses Signal animiert das Männchen, nun mit ihr zur Eiablagestelle, einer freien Wasserstelle am Ufer oder im Randbereich von Pflanzengürteln, zu fliegen. Mit häufig über 100 Auf- und Abwärtsbewegungen wirft das Weibchen die Eier ab, bis der Eivorrat erschöpft ist. Je nach Ablagezeit entwickeln sich im selben Jahr noch Larven oder überwintern die Eier. Die Libellen schlüpfen 1 Jahr nach der Eiablage und fliegen von Juli bis Oktober.
Nahrung: Fluginsekten.

**Beobachtungstip**

Eine der häufigsten am Gartenteich zu beobachtenden Heidelibellen. Sonnt sich meist auf Steinen oder Pflanzen und entfernt sich nie weit vom Wasser. Dreht häufig beobachtend den Kopf.

30 mm FS 35-40 mm !

## Große Heidelibelle

*Sympetrum striolatum*

Familie Segellibellen

Aussehen: Männchen mit leuchtend rotem Hinterleib und brauner Brust mit breiten gelben Rändern. Augen oben schokoladenbraun, unten gelbgrün. Weibchen mit braungrauem Hinterleib und spitzwinklig abstehender Legescheide.

Fortpflanzung: Das Männchen koppelt sich etwa ab Mittag im Flug an das Weibchen. Das Paarungsrad wird am Boden geschlossen. In Tandemstellung wird der Eiablageplatz angeflogen. Während der Eiablage löst sich das Männchen und umfliegt sichernd das Weibchen. Das Weibchen streift die 200–300 Eier bevorzugt an freien Wasserflächen ab. Die Eier besitzen einen klebrigen, gallertigen Fortsatz, der vermutlich dazu dient, daß die Eier irgendwo am Gewässergrund haftenbleiben und nicht wieder aufsteigen. Je nach Ablagetermin entwickeln sich die Larven noch im selben Jahr, oder die Eier überwintern.

Die fertigen Libellen schlüpfen ca. 1 Jahr nach der Eiablage. Sie fliegen von Juni bis Oktober.

Nahrung: Fluginsekten.

**Beobachtungstip**

Die Große Heidelibelle stellt sich vor allem an vegetationsarmen Gartenteichen zur Eiablage ein.

14-25 mm

## Schlammfliege, Wasserflorfliege

*Sialis* sp.
Familie Schlammfliegen

Aussehen: Körper schwarz. 4 bräunliche, blattförmige Flügel, die in Ruhestellung dachförmig angelegt werden. Fast körperlange Fühler. Einzelne Art nur schwer bestimmbar.
Fortpflanzung: Während der Fortpflanzungszeit lockt das Weibchen das kleinere Männchen mit einem speziellen Duftstoff an. Sich paarende Schlammfliegen trifft man vor allem im Mai und Juni an Gewässerrändern an. Ein Weibchen kann sich 2–4mal mit verschiedenen Männchen paaren. Nach der Paarung legt das Weibchen bis zu 2000 Eier in über 1 cm breiten Gelegen (siehe Bild) ab. Die Eier sind dunkelbraun und an einem Ende knopfartig gerundet. An der entgegengesetzten Seite sind sie an Pflanzen, die aus dem Wasser ragen, angeheftet. Durch einen Längsschlitz schlüpfen nach 10–24 Tagen die Junglarven aus, die zur Weiterentwicklung ins Wasser müssen.
Nahrung: Nicht genau bekannt.

**Beobachtungstip**

Von Mai bis Juni sitzen Schlammfliegen oft in großer Anzahl auf hochwachsenden Uferpflanzen oder Büschen in Gewässernähe. Am Tag kriechen die Tiere unsicher umher, erst in der Dämmerung setzt ihr kurzer, flatternder Flug ein.

bis 25 mm

## Schlammfliegen-Larven

*Sialis* sp.

Familie Schlammfliegen

Aussehen: Körper nach hinten verschmälert, läuft in lange, dünne, feinbehaarte, gegliederte Schwanzfäden aus. 1.–7. Hinterleibsringe mit beweglichen, langborstigen Kiemenfäden. Kopf groß und braun mit kräftigen, zangenartigen Kiefern.

Entwicklung: Die aus dem Ei schlüpfenden Larven kriechen entweder aktiv ins Wasser oder lassen sich hineinfallen. Zur vollständigen Entwicklung benötigen sie 2 Jahre, während der sie sich 9mal häuten. Zur Verpuppung gehen die Larven an Land, graben sich in den Boden ein und verpuppen sich. Die Puppe ist ohne Kokon, eingekrümmt und besitzt 2 Paar Flügelscheiden. Vor dem Schlüpfen der Fliege gräbt sich die Puppe aktiv an die Erdoberfläche.

Nahrung: Die Larven leben räuberisch von Mückenlarven und anderen kleinen Wassertieren, die sie u.a. im Schlamm grundelnd erbeuten.

**Beobachtungstip**

Schlammfliegen-Larven finden sich vor allem an schlammigen Stellen im Gartenteich, an denen sie geschickt und ausdauernd umherkriechen und nach Nahrung wühlen. Beobachtung am besten im Glas möglich.

27–35 mm

## Gelbrandkäfer

*Dytiscus marginalis*

Familie Echte Schwimmkäfer

Aussehen: Körper oval, Oberseite dunkelbraun-oliv. Rand der Flügeldecken und des Halsschildes gelb. Flügeldecken der Männchen glatt (Bild rechts unten), der Weibchen gefurcht (Bild oben). Borstensaum an den Hinterbeinen, Vorderbeine der Männchen mit Saugnäpfen.

Fortpflanzung: Das Männchen hält bei der Paarung das Weibchen mit den Saugnäpfen fest. Das Weibchen legt dann ca. 1000 Eier in die Stengel von Wasserpflanzen. Die Larve (Bild rechts oben) steigt nach Erreichen der Maximallänge (6 cm) ans Ufer und fertigt aus Speichel und Erde eine Höhle an, in der sie sich verpuppt (Bild rechts oben, außen) und zum Käfer entwickelt. Nach etwa 14 Tagen fliegt der fertige Käfer aus.

Nahrung: Insektenlarven, Kaulquappen, Jungfischen und andere „fleischliche" Nahrung.

**Beobachtungstip**

In frisch angelegten, aber auch völlig verkrauteten Gartenteichen kann der Gelbrandkäfer plötzlich angetroffen werden. Fliegend erreicht er – meist über Nacht – neue Gewässer. Die Käfer schwimmen sehr gut und können auch tauchen. Die Larven können oft an der Wasseroberfläche „hängend" beobachtet werden.

16-18 mm

## Furchenschwimmer

*Acilius sulcatus*

Familie Echte Schwimmkäfer

Aussehen: Körper rundlich-oval, hellbraun bis gelblich. Flügeldekken goldbraun mit hellem Rand. Weibchen mit gefurchten, haarigen, Männchen mit glatten Flügeldecken. Fühler lang und fadenförmig. Vorderbeine der Männchen mit Saugscheiben.

Fortpflanzung: Bei der Paarung heften sich die Männchen mit Hilfe der Saugscheiben an den Vorderbeinen an dem Weibchen fest. Das Weibchen legt die Eier in kleinen Gruppen oder einzeln im flachen Wasser am Boden im Schlamm ab. Die Larve (Bild oben rechts) wird etwa 4 cm lang. Die Verpuppung erfolgt an Land.

Nahrung: Der Käfer lebt räuberisch von kleinen Wassertieren, z. B. Insektenlarven, Schnecken und sogar Aas. Die Beute wird gepackt und zerstückelt.

Die Larve lebt ebenfalls räuberisch von kleinen Wassertieren, die allerdings ausgesaugt werden.

**Beobachtungstip**

Furchenschwimmer können in großer Zahl im Gartenteich vorkommen. Sie tauchen und schwimmen auf der Suche nach Nahrung unermüdlich und ruhig zwischen Wasserpflanzen umher. Bei Störung flüchten sie hastig schwimmend in tiefere Lagen. Beim Auftauchen erneuern sie ihren Luftvorrat unter den Flügeldecken.

3–3,2 mm

## Sechsfleckiger Zwergschwimmer
*Hydroporus palustris*
Familie Echte Schwimmkäfer

Aussehen: Kleine Schwimmkäfer mit länglich-ovalem Körper, der dunkelbraun glänzt. Flügeldekken mit goldglänzenden Rändern. Fühler lang und fadenförmig. Hinterbeine mit Borstensäumen, die dem Rudern dienen.
Fortpflanzung: Die Paarung und Eiablage erfolgt im Wasser. Die etwas dicklichen schwarz-gelben Larven tragen am Kopf einen charakteristischen schnabelartigen Fortsatz. Die Beine sind mit Haaren besetzt und als Schwimmorgane ausgebildet. Die erwachsenen Larven verlassen das Wasser und bauen an Land eine Puppenwiege, in der sie sich verpuppen und zum Käfer entwickeln.
Nahrung: Käfer und Larven leben räuberisch von allerlei kleinen Wassertieren. Der Käfer hält die Beute fest, zerreißt sie und verdaut sie im Kropf. Die Larve spritzt Verdauungssäfte in die Beute und saugt sie dann aus.

**Beobachtungstip**

Zwergschwimmer können vor allem im Sommer in den Sumpfzonen häufiger beobachtet werden, wenn sie geschickt zwischen den Pflanzen umherschwimmen oder tauchen. Den nötigen Luftvorrat nehmen sie unter den Flügeldecken mit unter Wasser. Sie besiedeln fliegend neue Gewässer.

50 mm

## Großer Kolbenwasserkäfer

*Hydrous piceus*

Familie Wasserkäfer

Aussehen: Große, glänzend dunkelbraune bis schwarze Käfer. Flügeldecken mit feinen Grübchen. Fühler kurz und kolbig verdickt. Beine abgeflacht und mit feinen hellgelben Härchen besetzt, die ein Schwimmen unter Wasser ermöglichen.

Fortpflanzung: Die Paarung und Eiablage findet im Wasser statt. Das Weibchen fertigt große Eikokons an, die jeweils bis zu 50 Eier enthalten. Diese Eipakete schwimmen wie eine Boje auf der Wasseroberfläche (Bild rechts unten). Die Larve (Bild rechts oben) lebt zwischen Wasserpflanzen am Boden des Gewässers. Anfang Herbst hat sie ihre Maximallänge erreicht, verläßt nun das Gewässer und vergräbt sich in der Nähe im weichen Boden (Puppenwiege). Aus der Puppe schlüpft nach etwa 6 Wochen der fertige Käfer, der nun fliegend zum Gewässer zurückkehrt.

**Beobachtungstip**

Der Große Kolbenwasserkäfer erscheint – wenn auch selten – nur an sehr verkrauteten Gartenteichen. Mit rudernden Beinbewegungen schwimmen die Tiere im Wasser umher und kommen mit dem Kopf voran zum Luftholen an die Wasseroberfläche. Auch die Larven müssen zum Luftholen an die Wasseroberfläche steigen.

Nahrung: Die Käfer sind Pflanzenfresser.
Die äußerst gefräßige Larve lebt von kleinen Wassertieren, denen sie auflauert und die sie mit ihren großen Zangen festhält. Schalen von Wasserschnecken z. B. werden Stück für Stück weggebissen, bis die Larve an den Weichkörper gelangt. Besonders gern werden Schnecken der Gattung *Planorbis* gefressen.
Die Atmung der Larven erfolgt durch Atemlöcher am Hinterleib, der zur Aufnahme von Luft durch die Wasseroberfläche gestoßen wird – bei dieser Tätigkeit wird man die Larven am ehesten beobachten können.

5-7 mm

## Taumelkäfer

*Gyrinus substriatus*

Familie Taumelkäfer

Aussehen: Kleiner, schwarz glänzender Käfer mit länglich ovalem Körper. Flügeldecken mit feinen Punktreihen versehen, gewölbt. 2. und 3. Beinpaar zu Ruderstummeln umgeformt, rötlichbraun. Kurze, dicke Fühler. Augen zweigeteilt, so daß ein Sehen über und unter der Wasseroberfläche möglich ist. Vorderbeine verlängert, bei den Männchen mit Saugvorrichtungen ausgestattet.

Fortpflanzung: Die Paarung findet im Frühjahr statt. Das Weibchen legt danach ihre klebrigen Eier an die Blätter oder Stengel von Wasserpflanzen ab, und zwar so, daß sie in Gruppen kleine Gelege bilden. Die ausschlüpfenden Larven sehen Schlammfliegen-Larven sehr ähnlich.

Nahrung: Aufs Wasser gefallene Insekten.

**Beobachtungstip**

Taumelkäfer sind meist in größerer Anzahl auf der Wasseroberfläche zu finden. Bei schönem Wetter ziehen sie in rasender Geschwindigkeit Kreise, Kurven und Spiralen. Dabei können sie mit ihren zweigeteilten Augen das Treiben über und unter dem Wasserspiegel beobachten. Bei Gefahr tauchen die Käfer blitzschnell unter und stoßen dabei ein wassertrübendes Sekret aus.

12-15 mm

## Taumelkäfer-Larve

*Gyrinus substriatus*

Familie Taumelkäfer

Aussehen: Schmale, gelblichweiße Larve, ohne Flügelansätze. Die ersten 8 Hinterleibssegmente tragen je ein Paar Kiemen. Am 9. Segment 2 Kiemenpaare, am letzten Abschnitt ein Paar Klauen. Oberkiefer mit 2 Saugzangen.
Entwicklung: Die Larve verläßt nach Erreichen der Maximallänge am Ende des Hochsommers das Wasser und klettert an Pflanzen, die aus dem Wasser ragen, empor. Am Uferrand baut sie sich dann eine Puppenwiege aus Lehm, Schlamm und Algenteilchen sowie einem ausgeschiedenen erstarrenden Sekret. In dieser Kammer verpuppt sich die Larve. Der schlüpfende Käfer überwintert an Land.
Nahrung: Lebt räuberisch von anderen kleinen Wassertieren, die sie vor allem nachts erbeutet. Die Beute wird gepackt, gelähmt und mit eingespritzten Verdauungssekreten aufgelöst.

**Beobachtungstip**

Die Larven des Taumelkäfers leben versteckt unter Steinen oder im Schlamm des Gewässers und sind meist erst in der Dämmerung aktiv. Am ehesten finden wir sie, wenn wir am Gewässergrund liegende Steine auf der Unterseite absuchen. Tiere mit etwas Bodengrund ins Beobachtungsglas geben.

6-8 mm

## Zuckmücke

*Chironomus* sp.
Familie Zuckmücken

Aussehen: Zarte, zweiflügelige Insekten. Männchen mit besonders stark gefiederten Antennen. Viele verschiedene Arten, die nur sehr schwer voneinander zu unterscheiden sind. Ähneln einer Mücke, stechen aber nicht und saugen auch kein Blut!

Fortpflanzung: Die Männchen bilden große Schwärme, die um den Teich „tanzen". Zur Paarung fliegen die Weibchen in den Schwarm. Die Paarung erfolgt in Sekundenschnelle, wobei das Paar den Schwarm verläßt.

Die Weibchen legen ihre Eier (100–1000) unter Wasser in einem Schleimband an Pflanzenteilen ab. Die etwa 25 mm langen Eigelege sind selbst mit bloßem Auge gut zu erkennen. Nach etwa 10 Tagen schlüpfen die Larven und sinken auf den Teichboden.

Die wurmförmige Larve (Bild rechts oben) ist zwischen 1–10 mm groß und je nach Art rot, weiß, gelb oder bräunlich gefärbt. Ihr Körper ist deutlich segmentiert, der Kopf klar vom Körper abgesetzt. Jeweils am ersten und letzten Körperabschnitt befindet sich ein Paar Fußstummel. Mit Hilfe dieser Stummelfüße kann sich die Lave spannerartig fortbewegen. Die bevorzugte Bewegungsweise ist jedoch das „Schwimmen", ein Hin- und Herkrümmen der Körperenden.

Sehr viele Zuckmückenlarven leben in kunstvoll gesponnenen

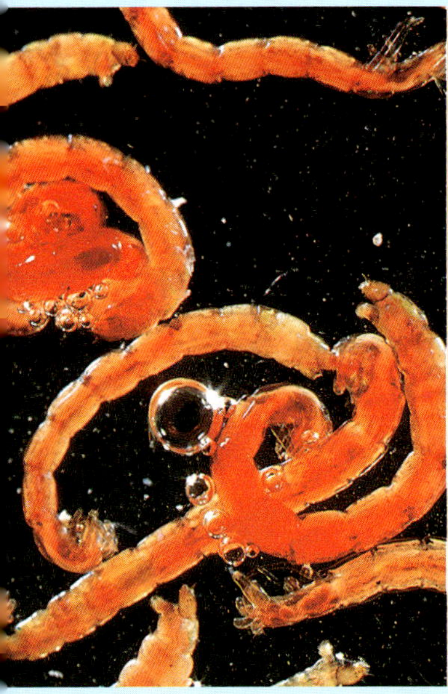

„Wohnröhren“. Als Baumaterial werden auch Sandkörnchen und Schlammteilchen mit einbezogen. Durch Wellenbewegungen des Körpers wird ein Wasserstrom erzeugt, mit dessen Hilfe sauerstoffreiches Wasser und Nahrungspartikelchen herangestrudelt werden. Der Sauerstoffbedarf wird ab und zu aber auch an der Wasseroberfläche gedeckt.
Die Verpuppung der Larven erfolgt in der Wohnröhre oder im Bodenschlamm. Die Puppen (Bild oben rechts) besitzen große Haarbüschel am Kopf, die ständig bewegt werden, um Sauerstoff aufnehmen zu können. Bald enthalten die Tracheen so viel Luft, daß die Puppe aufsteigt. An der Wasseroberfläche schlüpft dann eine neue Zuckmücke.
Nahrung: Erwachsene Zuckmükken nehmen keine Nahrung auf. Die Larven fressen Plankton und Detritus.

**Beobachtungstip**

Die Männchen der Zuckmücken bilden in Gewässernähe große Schwärme, die selbst im Winter an warmen Tagen plötzlich zu beobachten sind. Die Weibchen leben meist allein und verborgen zwischen Pflanzen in Gewässernähe, hin und wieder bilden sie auch kleinere Schwärme.
Die roten Zuckmücken-Larven halten sich vorwiegend im Schlamm am Teichgrund auf, andere Arten meist unmittelbar unter der Wasseroberfläche.

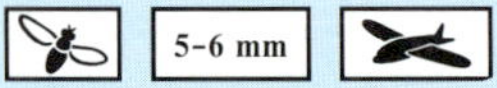


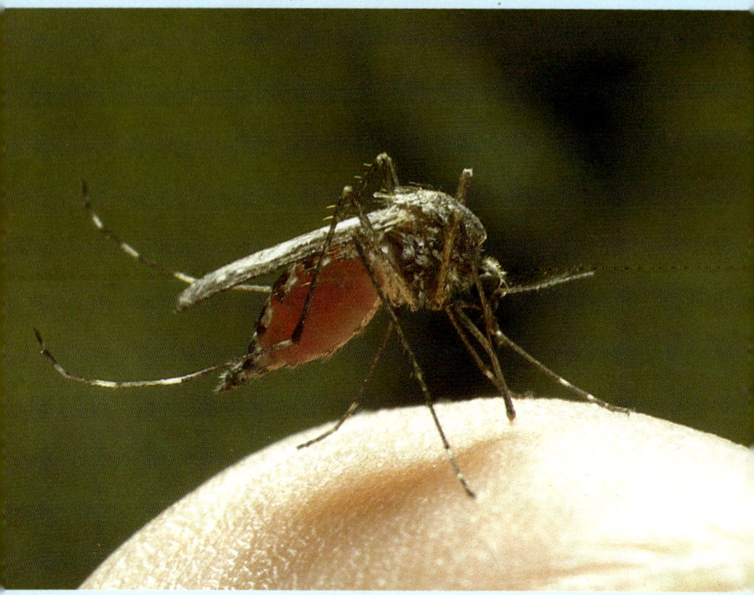

## Stechmücken

*Culex* sp. – *Anopheles* sp.
Familie Stechmücken

Aussehen: Mücken mit schlankem, dunkelgrauem Körper und einem Paar schmaler, häutiger Flügel. Die Hinterflügel sind zu Schwingkölbchen verkümmert. Beine lang und dünn. Fühler ebenfalls lang, bei den Männchen mit Borstenquirlen ausgestattet. Stechrüssel beim Männchen kürzer als beim Weibchen. *Culex*- und *Anopheles*-Arten sehen sich sehr ähnlich, sind in Ruhehaltung aber gut voneinander zu unterscheiden: In Ruhe hat die *Anopheles*-Mücke den Körper meist schräg nach vorn geneigt (Bild rechts), die *Culex*-Mücke dagegen sitzt parallel zur Unterlage (Bild oben).

Fortpflanzung: An warmen Sommerabenden fliegen die Männchen in großen Schwärmen relativ hoch in Gewässernähe. Die Weibchen sitzen einzeln in der Uferbepflanzung und werden durch das Summen der Schwärme angelockt. Fliegt ein Weibchen in so einen Männchen-Schwarm, so wird es sofort begattet, wobei das Paar den Schwarm verläßt und auf den Boden niedersinkt.

Zur Eiablage suchen die Weibchen dann das Gewässer auf. Die zahlreichen Eier werden auf der Wasseroberfläche abgesetzt. Das *Culex*-Weibchen legt bis zu 300 längliche Eier, die an einem Ende leicht zugespitzt sind. Die Eier werden am breiteren Ende zu-

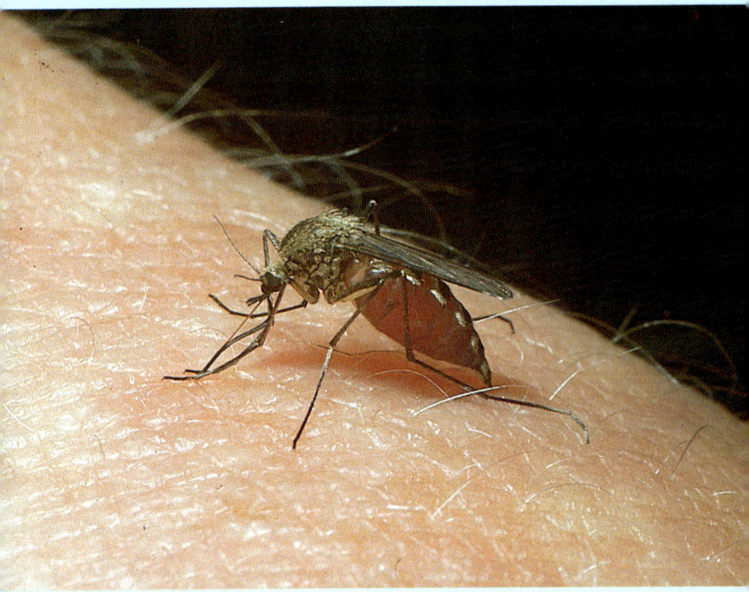

sammengehalten und bilden ein 1–5 mm langes floßartiges Gelege (Mückenschiffchen), das unbenetzbar und unsinkbar ist (Bild Seite 84 oben).

Das *Anopheles*-Weibchen legt ihre 200–300 elliptischen Eier einzeln ins Wasser ab. Luftgefüllte Kammern in der Eiwand verhindern, daß das Ei absinkt und ermöglichen ein Schwimmen auf dem Wasser. Durch eine Öffnung auf der Unterseite der Eier gelangen beim Schlüpfen die Larven sofort ins Wasser. Sie bleiben direkt unter der Wasseroberfläche hängen (Bilder Seite 85 oben und unten links).

*Culex*-Larven besitzen am 8. Hinterleibssegment eine Atemröhre, an deren Ende zwei Öffnungen sitzen, die von Chitinspitzen umgeben sind, die unter Wasser die Öffnungen verschließen, sich aber an der Wasseroberfläche nach allen Seiten ausbreiten und die Atemlöcher öffnen. Das Atemrohr ist stets mit Luft gefüllt, so daß es der Larve einen Auftrieb gibt, und das Tier meist senkrecht mit dem Kopf nach unten an der Wasseroberfläche hängt.

*Anopheles*-Larven sind grünlich gefärbt und besitzen kein Atemrohr. Ihre Atemöffnungen liegen auf der Rückseite des 8. Hinterleibssegments in einer seichten Vertiefung, so daß die Larven waagerecht unter dem Wasserspiegel liegen.

Die Larven häuten sich 4mal bis zur Verpuppung.

Die Puppen (Bild Seite 85 unten rechts) beider Arten ähneln sich ebenfalls, abgesehen davon, daß *Anopheles*-Puppen an jedem Hinterleibssegment einen seitlichen Dornfortsatz tragen, der den *Culex*-Puppen fehlt.

Die Puppen hängen ebenfalls dicht unter der Wasseroberfläche, jedoch mit dem schwereren Kopfteil nach oben.
Am Hinterende tragen die Puppen fächerartige Anhänge, mit deren Hilfe sie sich relativ schnell im Wasser fortbewegen können.
Nach der Reifezeit durchdringt die Puppe den Wasserspiegel und der Schlüpfvorgang beginnt. Das fertige Insekt fliegt davon. Stechmücken leben ca. 4–6 Wochen, das Weibchen länger als das Männchen.
Nahrung: Nur die Weibchen der Stechmücken saugen Blut – die Männchen ernähren sich von Blütennektar.
Die Larven leben von Plankton und Detritus. *Culex*-Larven strudeln sich die Nahrung zu, *Anopheles*-Larven können durch Drehung ihres Kopfes um 180° die Unterseite der Wasseroberfläche abweiden.

**Beobachtungstip**

An warmen Sommerabenden sieht man die Männchen beider Gattungen in großen Schwärmen in der Nähe des Gartenteiches auf- und niedertanzen. Die Weibchen sitzen meist auf den Blattunterseiten von Uferpflanzen und verlassen ihr Versteck nur zur Paarung oder um Nahrung aufzunehmen. Nur sie stechen und saugen Blut! Die Larven und Puppen hängen dicht unter der Wasseroberfläche und sind leicht zu beobachten.

Larve 13–15 mm

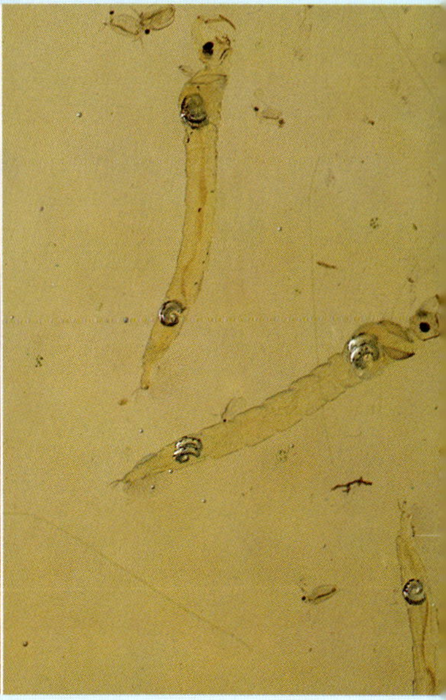

## Büschelmücken

Viele verschiedene Arten
Familie Büschelmücken

Aussehen: Ähneln den Stechmücken, besitzen jedoch nur einen kurzen Stechrüssel und behaarte Flügel. Sehr auffällig sind die Larven: Stabförmiger, durchsichtiger Körper mit 2 auffälligen, schwarzen Augen und je einem Paar gasgefüllter Blasen im vorderen und hinteren Körperteil. Antennen zu Beutegreiforganen umgebildet. Hinterleibsende mit büschelartigen Anhängen.
Fortpflanzung: Büschelmücken fliegen in großen Schwärmen. Die Weibchen legen ihre zahlreichen Eier in Schiffchen auf die Wasseroberfläche. Die schlüpfenden Larven schweben waagrecht im Wasser und sind selbst im Winter bei niedrigen Temperaturen noch aktiv. Die Puppen ähneln denen der Stechmücken, sie schweben jedoch senkrecht im Wasser und haben das Kopfbruststück nicht eingeschlagen. Die Mücken schlüpfen im Frühjahr. Die Puppen steigen erst unmittelbar vor dem Schlüpfvorgang zur Wasseroberfläche.
Nahrung: Bei den Mücken nicht bekannt. Die Larven leben räuberisch von kleinen Wassertieren.

**Beobachtungstip**

Die Larven der Büschelmücken (auch Weiße Mückenlarven genannt) können das ganze Jahr über im Wasser gefunden werden.

Larve 10–20 mm

## Schwebfliege, Mistbiene

*Eristalis* sp.

Familie Schwebfliegen

Aussehen: Fliegen plump und bienenähnlich braun-gelb gezeichnet (Bild links).
Larven schmutziggrau mit 7 Paar hakenbewehrten kurzen Fußstummeln und bis zu 7 cm langem Atemrohr, das fernrohrartig auseinanderzogen und zusammengeschoben werden kann. Wegen dieser auffälligen Atemröhre werden die Larven auch Rattenschwanzlarven genannt.

Fortpflanzung: Schwebfliegen legen ihre weißen, länglich-ovalen Eier an verwesendem Material ab. Die Larven leben verborgen im Schlamm flacher Wasserstellen. Hier überwintern sie auch. Im Frühjahr kriechen sie an Land, graben sich in den feuchten Boden ein und verpuppen sich.
Nahrung: Schwebfliegen sind Blütenbesucher. Die Larven ernähren sich von Detritus.

**Beobachtungstip**

Die Larven von Schwebfliegen halten sich nur in sehr verschmutzten Gartenteichen auf. Da die Larven im Bodengrund versteckt leben, wird man entweder durch die kleinen Schlammhäufchen am Teichgrund – auf Nahrung durchsuchter, filtrierter Schlamm – oder anhand des an die Wasseroberfläche reichenden Atemrohres auf sie aufmerksam.

## Wasserläufer

*Gerris* sp.
Familie Wasserläufer

Aussehen: Dunkle Insekten mit langem, schmalem Körper, zwei großen, vorstehenden Augen, frei vorgestreckten Fühlern, 2 sehr langen und 1 kürzeren Beinpaar. Männchen kleiner als Weibchen.
Fortpflanzung: Wasserläufer machen eine unvollständige Verwandlung durch, d. h. aus dem Ei schlüpfen Larven, die über mehrere Häutungen zum erwachsenen Tier werden.
Bei der Paarung tragen die Weibchen die Männchen. Die Eier werden meist an Pflanzen unterhalb des Wasserspiegels abgelegt. Dabei kann das Paar auch einige Zentimeter tief unter Wasser steigen. Die Larven häuten sich vier- bis fünfmal, wobei sie dem erwachsenen Tier immer ähnlicher werden. Das erwachsene Tier überwintert an Land.
Nahrung: Insekten und andere Kleintiere, die auf der Wasseroberfläche zu finden sind und mit den Vorderbeinen gepackt werden.

**Beobachtungstip**

Wasserläufer sind an sonnigen Tagen überall auf freien Wasserflächen zu finden. Sie gleiten oft zu mehreren mit vorgehaltenen Vorderbeinen ruckweise über die Wasseroberfläche, auch kurze Sprünge sind möglich. Bei schlechtem Wetter flüchten sie ans Ufer.

bis 12 mm

## Gemeiner Teichläufer

*Hydrometra stagnorum*

Familie Teichläufer

Aussehen: Sehr schmale, schwärzliche Tiere. Körper mit feinen weißen Längsstreifen, Unterseite dicht behaart. Kopf fast so breit wie Hinterleib, vorne keulenförmig verdickt, vor den Augen mehr als doppelt so lang wie hinter ihnen. Beine sehr lang.

Fortpflanzung: Paarungen finden den ganzen Sommer über statt. Das Weibchen legt ihre relativ wenigen, länglichen Eier über dem Wasserspiegel an Pflanzen ab. Es kann mehrmals im Jahr Eier legen. Bis zum fertigen Teichläufer sind 5 Larvenstadien notwendig. Die erwachsenen Tiere überwintern am Ufer unter Steinen oder Pflanzen verborgen.

Nahrung: Kleine Wassertiere, die zum Luftholen an die Wasseroberfläche kommen bzw. auf ihr landen oder treiben. Die Mundwerkzeuge tragen Widerhaken, so daß einmal gepackte Beute nur selten entkommt.

**Beobachtungstip**

Der nadeldünne Gemeine Teichläufer ist nicht so wendig und schnell wie der Wasserläufer. Mit allen 6 Beinen auf dem Wasser schreitend, bewegt er sich langsam und vorsichtig über die Wasseroberfläche. Er hält sich bevorzugt zwischen den Pflanzen der Sumpfzone verborgen und lauert hier auf Nahrung.

17-22 mm

## Wasserskorpion

*Nepa cinerea*

Familie Skorpionswanzen

Aussehen: Körper eiförmig, flach und graubraun gefärbt. Kopf relativ klein mit 2 schwarzen, rundlichen Augen und sehr kurzen Fühlern. Hinterflügel häutig, Vorderflügel undurchsichtig und lederartig. 1. Beinpaar zu mächtigen Fangarmen umgestaltet, 2. und 3. Beinpaar lang und relativ dünn. Langes, gerades, zweiteiliges Atemrohr am Hinterende.

Fortpflanzung: Die Paarung findet im Frühjahr statt. Das Weibchen legt ihre Eier in Algenpolster oder verrottende Pflanzenteile. Die relativ großen Eier sind an ihrem Vorderende mit 6–8 Atemröhren versehen. Die schlüpfenden Larven häuten sich 5mal und haben sich bis September zum fertigen Skorpion entwickelt. Dieser überwintert dann.

Nahrung: Wasserskorpione leben räuberisch von kleinen Wassertieren, denen sie regungslos auflauern, sie dann mit den Fangarmen ergreifen, mit dem Rüssel anstechen und aussaugen.

**Beobachtungstip**

Wasserskorpione leben meist in der Flachwasser- oder Sumpfzone des Teiches zwischen Pflanzen versteckt, allerdings so dicht unter der Wasseroberfläche, daß das Atemrohr herausragt. Vorsicht, die Tiere können stechen!

30–40 mm

## Stabwanze, Wassernadel

*Ranatra linearis*

Familie Skorpionswanzen

Aussehen: Körper langgestreckt, stabförmig und graubraun gefärbt. Beine lang und dünn. Mit sehr langem Atemrohr am Hinterleibsende. Vorderbeine zu Fangarmen ausgebildet.
Fortpflanzung: Stabwanzen paaren sich nach der Winterruhe im Frühjahr. Die Weibchen bohren die Eier unter Wasser in Reihen in die Stengel von Wasserpflanzen ein. Jedes Ei besitzt 2 fadenförmige Atemröhren. Nach etwa 1 Monat schlüpfen die Larven, die sich im Laufe der nächsten 2 Monate bis zur vollständigen Entwicklung der Stabwanze noch ca. 5mal häuten. Das erwachsene Tier überwintert. Es wird ca. 2 Jahre alt.
Nahrung: Kleine Wassertiere, aber auch Kaulquappen, denen reglos zwischen Wasserpflanzen aufgelauert wird.

**Beobachtungstip**

Stabwanzen leben sehr versteckt zwischen Pflanzen im seichten Teil der Sumpfzone. Sie können nur schlecht schwimmen, dafür aber fliegen. Vorsicht, Stabwanzen stechen!

12–16 mm

## Gemeine Schwimmwanze

*Ilyocoris cimicoides*

Familie Schwimmwanzen

Aussehen: Körper eiförmig und platt, mit dichtem Haarfilz bedeckt, der stets einen silbrig glänzenden Luftfilm mit sich trägt. Rücken schwach gewölbt, glänzend grünlichgrau bis braun. Hinterbeine mit Schwimmhaaren versehen, Vorderbeine kräftig mit dolchartigen Spitzen – hervorragende Beutegreifer.

Fortpflanzung: Paarungszeit April bis Mai. Während der Paarung sitzt das Männchen auf dem Rücken des Weibchens. Mit ihrem Legestachel sticht das Weibchen die Eier unterhalb der Wasseroberfläche in Stengel von Wasserpflanzen ein. Nach etwa 4 Wochen schlüpfen dann die Larven, die sich innerhalb von 2 Monaten und nach 5 Häutungen zum fertigen Tier entwickelt haben. Das fertige Tier überwintert im Pflanzenbereich des Gewässers.

Nahrung: Wassertiere bis Jungfischgröße, die mit den Vorderbeinen ergriffen, dann angestochen und ausgesaugt werden.

**Beobachtungstip**

Häufigste heimische Schwimmwanze, die in gut bewachsenen Teichen vor allem in der flachen Sumpfzone anzutreffen ist. Sehr guter Schwimmer, kann jedoch nicht fliegen.
Vorsicht, die Tiere können schmerzhaft stechen!

bis 12 mm

## Ruderwanze, Wasserzikade

*Corixa* sp.

Familie Ruderwanzen

Aussehen: Körper länglich, dunkelbraun, Unterseite mit feinen Härchen besetzt. Halsschild und Flügel gelb gesprenkelt. Beine gelb, 1. Beinpaar kurz, dornenbesetzt und schaufelartig verbreitert, 2. Beinpaar lang und dünn, 3. Beinpaar kräftig und behaart.
Fortpflanzung: Paarungszeit im zeitigen Frühjahr. Die Männchen können zirpen. Bei der Paarung halten sich die Männchen mit den Klauen an den Flügeldecken fest. Von Januar bis März – je nach Klima – legen die Weibchen zwiebelförmige Eier einzeln an Wasserpflanzen unterhalb des Wasserspiegels ab. Von Mai bis Juni schlüpfen die Larven, die sich ca. 5mal häuten. Bis Juli hat sich die neue Generation entwickelt. Das fertige Tier überwintert.
Nahrung: Einzellige Algen, verwesende Pflanzenteile, Aas.

**Beobachtungstip**

Ruderwanzen sind besonders häufige Gäste am Gartenteich. Sie krabbeln gesellig lebend auf Wasserpflanzen unter dem Wasserspiegel umher. Sehr gute Schwimmer, die jedoch auf den Bodengrund sinken, wenn sie mit den Schwimmbewegungen aufhören. Kommen zum Luftholen an die Wasseroberfläche und sammeln im Haarfilz und unter den Flügeldecken Luft. Gute Flieger.

13-16 mm

## Rückenschwimmer
*Notonecta glauca*
Familie Rückenschwimmer

Aussehen: Körper länglich gestreckt, Rücken gewölbt. Bräunlich mit dunklerer, behaarter Bauchseite. Große, glänzend schwarze Augen. Langer, spitzer Saugrüssel. Hinterbeine zu Ruderfüßen umgestaltet: lang, zusammengedrückt, behaart.

Fortpflanzung: Die Weibchen legen im Frühjahr nach der Paarung ihre zigarrenförmigen Eier unter Wasser in die Stengel von Wasserpflanzen ab. Die nach einigen Wochen schlüpfenden Larven sind anfangs weiß mit roten Augen. Nach 5 Häutungen ist der erwachsene Rückenschwimmer fertig; er überwintert.

Nahrung: Lebt räuberisch von Wassertieren, die er mit den Vorderbeinen fängt und festhält, ansticht und aussaugt.

**Beobachtungstip**

Rückenschwimmer sind vor allem in sauerstoffreichen, gut mit Pflanzen besetzten Gartenteichen anzutreffen. Sie „hängen" gewöhnlich mit dem Bauch nach oben an der Unterseite des Wasserspiegels, um Luft zu holen. Die Luftbläschen zwischen dem Haarfilz an der Bauchunterseite sorgen stets für Auftrieb. Die Tiere schwimmen mit weit ausgestreckten Beinen sehr rasch auf dem Rücken durchs Wasser. Vorsicht, Tiere stechen recht schmerzhaft!

bis 60 mm

## Spitzschlammschnecke, Spitzhornschnecke

*Lymnaea stagnalis*

Familie Schlammschnecken

Aussehen: Schlammschnecke mit hornfarbenem, rechtsgewundenem Gehäuse, bis 6 cm hoch und 3 cm breit. Gewinde schlank und spitz ausgezogen, fast so hoch wie die Mündung. Kopf mit 1 Paar dreieckiger, lappiger Fühler, die nicht einziehbar sind. Augen liegen an der Fühlerbasis.

Fortpflanzung: Schlammschnecken sind Zwitter, eine Selbstbegattung findet aber meist nicht statt, sondern ein Tier wirkt als Männchen, das andere als Weibchen. Die Eier werden in napfförmigen Kapseln als Laichband an Pflanzenteile oder Steine geklebt. Aus den Eiern schlüpfen fertige, kleine Schnecken.

Nahrung: Algenbelag, aber auch weiche oder verrottende Pflanzenteile und Aas.

**Beobachtungstip**

Häufigste und auffälligste Schnecke im Gartenteich. Man findet sie entweder an Pflanzen und Steinen „weidend“ oder rückwärts unter der Wasseroberfläche auf einem Schleimband entlangkriechend. Droht Gefahr, dann stößt die Schnecke Luft aus, so daß sie schwerer wird und in den schützenden Bodenschlamm sinkt. In einem pflanzenreichen Teich tragen diese Schnecken wesentlich zur Minderung des Algenbewuchses bei.

bis 30 mm

**Ohrschlammschnecke**
*Lymnaea auricularia*
Familie Schlammschnecken

Aussehen: Gelbliche bis bräunliche Schlammschnecke mit rechtsgewundenem, ca. 3 cm hohem und 3 cm breitem Gehäuse. Gewinde spitz und kurz, letzter Umgang blasig aufgetrieben, groß und ohrförmig ausgebreitet. Mündung weit, Spindel stark gedreht. Bei jungen Ohrschlammschnecken ist der letzte Umgang noch nicht ohrförmig erweitert!

Fortpflanzung: Zwitter, jedoch kaum Selbstbefruchtung. Die raupenförmigen Laichbänder werden an Pflanzen und Steinen abgelegt. Aus den Eiern schlüpfen zarte, fertig ausgebildete Jungschnecken.

Nahrung: „Weiden“ hauptsächlich Algenbelag von Pflanzen und Steinen, fressen aber auch verwesende Pflanzen, Aas und Laich verschiedener Wassertiere.

**Beobachtungstip**

Häufig in pflanzenreichen Gartenteichen vor allem in den oberen Wasserschichten zu finden. Die Schnecken kriechen meist ruhig über Pflanzenteile und weiden deren Algenbelag ab, oder sie hängen unter der Wasseroberfläche, um Luft zu holen. Je sauerstoffärmer ein Teich ist, um so öfter hängen die Schnecken unter dem Wasserspiegel. Bei Gefahr lassen die Tiere sich absinken.

bis 10 mm

## Kleine Schlammschnecke, Leberegelschnecke
*Lymnaea truncatula*
Familie Schlammschnecken

Aussehen: Gehäuse hornfarben, rechtsgewunden, bis 10 mm hoch und 5 mm breit. 5–6 stark gewölbte, stufig abgesetzte Windungen, eiförmige Mündung.
Fortpflanzung: Zwitter, jedoch selten Selbstbefruchtung, meist fungiert ein Tier als Männchen und eines als Weibchen. Die in einem Gallertband an Pflanzen oder Steinen abgelegten Eier entwickeln sich relativ schnell. Aus dem Ei schlüpft eine fertig entwikkelte Jungschnecke.
Nahrung: „Weiden" Algenbeläge von Pflanzen und Steinen ab, fressen aber auch weiche und verrottende Pflanzenteile und Aas.

**Beobachtungstip**

Im Gegensatz zu anderen Schlammschnecken ist die Kleine Schlammschnecke auch in der Lage, das Wasser zu verlassen. Sie kann also nicht nur im Wasser an Pflanzen und Steinen weidend oder unter der Wasseroberfläche hängend beobachtet werden, sondern auch am Uferrand umherkriechend. Die Schnecke kann – im Schlamm vergraben – sogar ein zeitweises Austrocknen des Gewässers überstehen.
Die Kleine Schlammschnecke ist der Zwischenwirt für die Larven des Leberegels, eines Parasiten pflanzenfressender Säugetiere.

25-32 mm

## Posthornschnecke, Große Tellerschnecke

*Planorbis corneus*

Familie Tellerschnecken

Aussehen: Wasserlungenschnecke mit dickwandigem, scheibenförmigem, linksgewundenem Gehäuse, bis 14 mm hoch und 32 mm dick, glänzend rotbraun bis olivgrün. Mündung nierenförmig. Kopf mit langen, borstenförmigen Fühlern, Körper aschgrau bis samtartig schwarz.

Fortpflanzung: Zwitter, Begattung jedoch meist wechselseitig. Die relativ wenigen Eier (maximal 30) werden in einem flachen Gelege (siehe Bild) an Pflanzen oder auf Steinen unter der Wasseroberfläche abgelegt. Aus den Eiern schlüpfen dann fertig entwickelte Jungschnecken, die relativ rasch heranwachsen. Überwintern im Bodenschlamm des Teiches vergraben.

Nahrung: „Weiden" Algen ab, fressen aber auch Detritus, verwesende Pflanzenteile und Aas.

**Beobachtungstip**

Posthornschnecken kommen bevorzugt am Gewässergrund pflanzenreicher Teiche vor. Sie besitzen – wie alle Tellerschnecken – ein kompliziertes Lungensystem und hämoglobinhaltiges Blut, so daß sie nicht oft an die Wasseroberfläche zum Luftholen kommen müssen. Im Winter gehen die Tiere von Luft- auf Wasseratmung über.

12-20 mm

## Gerandete Tellerschnecke

*Planorbis planorbis*

Familie Tellerschnecken

<u>Aussehen:</u> Gehäuse festwandig, scheibenförmig, gelblich bis hornfarben, 4 mm hoch und bis 20 mm breit, linksgewunden. Mündung schief eiförmig.

<u>Fortpflanzung:</u> Zwitter, die sich wechselseitig begatten. Der Laich mit den relativ wenigen Eiern wird in einer flachen Gallerte abgelegt, aus der dann die fertig entwickelten Jungschnecken kriechen, die sofort auf Nahrungssuche gehen. Die Tiere überwintern im Bodenschlamm vergraben und stellen bei zugefrorenem Wasserspiegel von Luft- auf Wasseratmung um.

<u>Nahrung:</u> Detritus, Algen, Aas. In klaren und sehr kalkhaltigen Gartenteichen kommt manchmal die **Gekielte Tellerschnecke** *(Planorbis carinatus)* vor (Bild rechts).

**Beobachtungstip**

Die Gerandete Tellerschnecke ist vor allem in pflanzenreichen Gartenteichen zwischen Pflanzen umherkriechend und „weidend" zu finden. Scheinbar unermüdlich raspeln sie Algen ab oder beschäftigen sich intensiv mit der Beseitigung von Detritus. Da sich diese Art nicht sehr stark vermehrt, jedoch ein guter Vernichter von Algen und Detritus ist, eignet sie sich hervorragend für kleinere Gartenteiche!

bis 40 mm

## Sumpfdeckelschnecke

*Viviparus viviparus*

Familie Sumpfdeckelschnecken

Aussehen: Größte heimische Süßwasserschnecke. Gehäuse kegelförmig, in der Färbung ähnlich einer Weinbergschnecke. Spitze fein und scharf vorspringend, Mündung eiförmig. Körper dick mit breitem Fuß und langer, rüsselartiger Schnauze. Am Fuß sitzt ein Deckel, der sich schließt, wenn die Schnecke sich ins Gehäuse zurückzieht. Fühler beim Weibchen gleich dünn, beim Männchen rechter Fühler kleiner und dicker als linker, enthält das Begattungsorgan. Die Sumpfdekkelschnecke besitzt Kiemen, muß also nicht zum Atmen an die Wasseroberfläche kommen.

Fortpflanzung: Getrenntgeschlechtlich. Diese Schnecke legt keine Eier, sondern bringt lebende Jungschnecken zur Welt! Die 30–40 Jungen werden einzeln geboren. Sie sind etwa 10 mm groß.

Nahrung: Hauptsächlich Detritus.

**Beobachtungstip**

Sumpfdeckelschnecken leben vorwiegend in sauerstoffreichen, gut mit Unterwasserpflanzen bestückten Gartenteichen. Hier halten sie sich die meiste Zeit am Gewässergrund auf, sind wegen ihrer Größe aber kaum zu übersehen. Bei langanhaltender Sonneneinstrahlung kommen die Schnecken auch an die Wasseroberfläche.

# Lurche und Kriechtiere

95–110 mm

## Teichmolch, Streifenmolch
*Triturus vulgaris*
Familie Salamander und Molche

<u>Aussehen:</u> Schlanker Schwanzlurch mit glatter, hellbrauner Haut, Landform (Bild oben) mit feiner Körnung.
Männchen mit großen dunklen Punkten und hell-dunkel gestreiftem Kopf, Bauchunterseite in der Mitte orangefarben, dunkel getupft oder gefleckt, zu den Seiten hin weißlich. Im Frühjahr mit intensiv gefärbtem, blau-orangefarbenem Hochzeitskleid und gewelltem, hohem Rückenkamm, der in den ebenfalls gewellten Schwanzsaum übergeht.
Weibchen mit feineren, dunklen Punkten, Bauchseite gelblich bis orangefarben, getupft.
<u>Fortpflanzung:</u> Von April bis Mai – bei mildem Wetter schon im Februar – ziehen die Molche zur Paarung ins Gewässer. Mit ihrem auffallenden Hochzeitskleid werben die Männchen um eine Partnerin. Sie setzen Samenkapseln ab, die von den Weibchen (mit der Kloake) aufgenommen werden. Die 150–300 Eier werden einzeln an Blättern von Wasserpflanzen abgesetzt, die zuvor mit den Hinterbeinen geknickt und anschließend schützend um das Ei gefaltet werden. Bei warmem Wetter schlüpfen innerhalb von 14 Tagen etwa 1 cm lange Larven, die auf den Gewässerboden fallen. Ältere Larven (Bild Seite 110) sind bräunlich, besitzen einen stumpfendenden Schwanzsaum und büschelförmige Kiemen. Mit

Erreichen der Maximalgröße (bis 4 cm), Reduktion der büschelförmigen Kiemen und der Haut- und Schwanzsäume ist das Ende des Wasserlebens erreicht. Gleichzeitig hat sich eine Lunge gebildet, die gemeinsam mit der feuchten Haut als zusätzliches Atemorgan das Landleben ermöglicht. Bei günstiger Witterung, d.h. Feuchtigkeit, verlassen die jungen Molche das Wasser und gehen zum Landleben über. Tagsüber halten sie sich zwischen Holzteilen, unter Steinen und Moos auf, nachts und eventuell bei trübem, regnerischem Wetter gehen sie auf Nahrungssuche. Nach ca. 3 Jahren erst sind sie geschlechtsreif und suchen nach der Winterruhe, unter Laub u.ä. verborgen, zur Fortpflanzung ein Gewässer auf.

Nahrung: Teichmolche leben im Wasser von Wasserflöhen, Mükkenlarven, Kaulquappen und anderen kleinen Wassertieren. An Land fressen sie Würmer, Asseln und kleine Nacktschnecken.

Die Larven fressen kleine Wassertiere.

**Beobachtungstip**

Teichmolche wandern bei günstigem Klima schon ab Februar zur Paarung und zum Laichen in passende Gewässer ein. Sie bevorzugen saubere, pflanzenreiche Flachwasserzonen. Die Larven kann man bei sonnigem Wetter im seichten Wasser der Sumpfzone beobachten. In Gärten mit sterilen Rasenflächen, wenig Büschen und anderen Versteckmöglichkeiten kann man nicht mit Molchen rechnen!

80-110 mm

## Bergmolch, Alpenmolch

*Triturus alpestris*

Familie Salamander und Molche

Aussehen: Schwanzlurch. Oberseite mattschwarz, beim Weibchen (Bild oben) schwarzbraun marmoriert, Unterseite rötlich bis orangefarben. Zur Paarungszeit Männchen auf der Oberseite hellblau mit gelbschwarzer Rükkenleiste und schwarz getupften Seitenleisten, Bauchseite kräftig orangerot.

Fortpflanzung: Bergmolche laichen ab Februar bis Mai. Nach der Befruchtung sind die Weibchen deutlich dicker. Die Eier werden einzeln in die Blattachseln feingliedriger Unterwasserpflanzen abgelegt. Nach etwa 14 Tagen schlüpfen die ersten Larven. Zur vollständigen Entwicklung benötigen sie ca. 3 Monate. Die Larven (Bild Seite 112 unten) werden bis 5 cm lang. Ihr Schwanz verjüngt sich nicht sehr, sondern endet abrupt. Spät ausschlüpfende Larven überwintern im Teich.

Die erwachsenen Molche verlassen erst im Juli das Gewässer und leben unter Steinen und in der Vegetation versteckt.

Nahrung: Im Wasser kleine Wassertiere, an Land Würmer, Asseln und Nacktschnecken.

**Beobachtungstip**

Wenn in der Nähe natürliche Vorkommen sind, wandern Bergmolche auch in den Gartenteich ein. Sie bevorzugen kältere Gewässer.

75-90 mm

## Fadenmolch, Leistenmolch

*Triturus helveticus*

Familie Salamander und Molche

Aussehen: Schlanker Schwanzlurch mit glatter, brauner bis olivgrüner Haut. Bauch nur in der Mitte gelb bis orangefarben, seitlich weiß, fleckenlos. Schwanz länger als Körper, seitlich zusammengedrückt. Das Männchen trägt zur Paarungszeit einen niedrigen, ungezackten Rückenkamm, einen Hautsaum zwischen den Zehen der Hinterfüße und eine fadenartige, ca. 8 mm lange Schwanzspitze (Bild).

Fortpflanzung: Fadenmolche erscheinen ab Mitte März am Wasser und halten sich hier bis zum Frühsommer auf, ehe sie feuchte Schlupfwinkel an Land aufsuchen. Einige Tage nach der Paarung legt das Weibchen bis zu 300 Eier ab, die einzeln zwischen gefalteten Wasserpflanzenblättern abgesetzt werden. Bei gutem Wetter schlüpfen innerhalb von 14 Tagen die ersten Larven aus, die sich noch während des Sommers zu fertigen Fadenmolchen entwikkeln. Die Molche überwintern an Land.

Nahrung: Im Wasser kleine Wassertiere, an Land Würmer, Nacktschnecken, Asseln.

**Beobachtungstip**

Fadenmolche bevorzugen pflanzenarme, klare, schattige Gewässer und nehmen eher flache als tiefere Gewässer an.

140–180 mm

## Kammolch

*Triturus cristatus*

Familie Salamander und Molche

Aussehen: Großer, schwarzbrauner Schwanzlurch mit körniger Haut. Schwanz seitlich zusammengedrückt mit oberem und unterem Saum. Im Wasser tragen die Männchen einen hohen, gezackten Rückenkamm. Oberseite schwarzbraun. Bauch gelb bis orangefarben mit dunklen Flecken. Landform pechschwarz ohne Kämme und Säume.

Fortpflanzung: Kammolche erscheinen ab März im Gewässer und vollführen ein imposantes Paarungsritual.

Die Eier werden einzeln an Wasserpflanzenblättern befestigt. Nach 2–3 Wochen schlüpfen die ersten Larven, die im Spätsommer den Teich verlassen – einzelne Tiere führen allerdings auch ein ganzjähriges Wasserleben. Überwintern unter Laub und Wurzeln an Land.

Nahrung: Im Wasser Wassertiere bis Kaulquappengröße, an Land Würmer, Nacktschnecken und Asseln.

**Beobachtungstip**

Kammolche bevorzugen große, pflanzenreiche Gewässer. Einmal als Laichplatz akzeptierte Gartenteiche werden in der Regel immer wieder besucht. Im Wasser sind die Tiere nur sehr schlecht zu finden, da sie sich meist zwischen Pflanzen versteckt halten.

90-150 mm

## Erdkröte

*Bufo bufo*

Familie Kröten

Aussehen: Größte europäische Kröte. Körper gedrungen und plump. Haut warzig, trocken und leicht samtartig, Oberseite bräunlich, Unterseite weißlich-grau. Große, deutliche, halbmondförmige Ohrdrüsen. Pupille waagerecht, Iris gold- oder kupferfarben.

Männchen deutlich kleiner als Weibchen.

Fortpflanzung: Nach Beendigung der Winterruhe verlassen die geschlechtsreifen Tiere ihre Verstecke und wandern in Richtung ihrer Geburtsgewässer, um sich hier zu paaren und abzulaichen. Auf dem Weg dorthin begegnen sich die Tiere, und die Männchen besteigen oft schon die Weibchen, klammern sich unter den Achseln fest und lassen sich zum Laichgewässer tragen (Bild Seite 116). In dieser Haltung verbleiben sie bis zum Ablaichen einige Tage im Wasser. Da die Männchen meist in der Überzahl sind, hängen oft mehrere von ihnen an einem Weibchen.

An geeigneten Stellen im Gewässer nimmt das Weibchen dann eine Signalstellung ein, und kurz darauf laicht es ab. Tausende kleiner, schwarzer Eier treten in zwei gallertigen Laichschnüren verpackt aus der Kloake aus (Bild Seite 117 oben) und werden sofort von dem Männchen befruchtet. Die Laichschnüre werden noch während des Laichaktes um die

Stengel von Wasserpflanzen geschlungen, damit sie nicht auf den Bodengrund absinken und eventuell nicht zur Entwicklung kommen.
Nach 2–3 Wochen schlüpfen die ersten schwarzen, kommaförmigen Kaulquappen. Nach Verlassen der Gallerthülle hängen sie erst einige Zeit an Steinen oder Pflanzenteilen, bis sie beginnen, frei durchs Wasser zu schwimmen und Nahrung zu suchen. Mit ihren feinen Hornzähnchen raspeln sie vorwiegend Algenbeläge von Pflanzen oder Steinen ab. Die Kaulquappen (Bild Seite 117 unten) bilden Schwärme, an denen sie gut zu erkennen sind. Langsam bilden sich Hinterfüßchen aus (im Gegensatz zu den Molchlarven, bei denen zuerst die Vorderbeine gebildet werden), der Schwanz schrumpft zusammen, Vorderbeine brechen aus einer Hautfalte hervor. Anfang Juli klettern dann bei feuchtem Wetter die ersten Jungkrötchen an Land. Erst nach 3–4 Jahren sind sie geschlechtsreif und kehren zum Gewässer zurück.
Nahrung: Insekten, Insektenlarven, Spinnen, Würmer, Schnekken, Asseln.

**Beobachtungstip**

Da Erdkröten in der Regel immer an ihrem Geburtsgewässer ablaichen, ist es purer Zufall – und natürlich Glück –, wenn sich ein Paar in den Gartenteich „verirrt".
Naturnahe Gärten mit vielen Versteckmöglichkeiten und einem reichhaltigen Nahrungsangebot werden jedoch gerne als Landlebensraum angenommen!

bis 100 mm

## Grasfrosch

*Rana temporaria*

Familie Echte Frösche

<u>Aussehen:</u> Der zur Gruppe der Braunfrösche gehörende Grasfrosch ist wohl die häufigste Art, die bei uns vorkommt. Oberseite bräunlich mit dunklen Flecken, Unterseite hell, dunkel marmoriert oder gesprenkelt. Typisches Merkmal der große braune Fleck hinter den Augen. Männchen zur Laichzeit mit dunklen Brunftschwielen an den Fingern.

<u>Fortpflanzung:</u> Ende Februar/Anfang März erwachen die Tiere aus der Winterruhe, die sie entweder im Gewässer selbst oder an Land im Boden vergraben verbracht haben. Die Männchen stoßen dumpf knurrende oder grunzende Paarungslaute aus. Das Weibchen wird in der Achsel umklammert und festgehalten (Bild rechts).

Die Weibchen legen Tausende von kleinen, schwärzlichen Eiern in 1–2 gallertigen Laichballen ab (Bild Seite 120 oben). Der Laich wird meist im Bereich der flachen Sumpfzone abgelegt. Die Laichballen quellen im Wasser noch erheblich an, so daß sie an die Wasseroberfläche emporsteigen. Hier ist der Laich natürlich besonders gefährdet, denn er bietet sich allen möglichen Freßfeinden, z. B. Molchen, Enten direkt an. Nicht umsonst legen die Weibchen solche Unmengen von Eiern ab, denn bis zum erwachsenen Grasfrosch ist es noch ein weiter, gefahrvoller Weg!

Innerhalb von 3–4 Wochen – je nach Sonneneinstrahlung – entwickeln sich die Eier zu Kaulquappen (Bild Seite 120 unten), die sich in den nächsten 2–3 Monaten zu fertigen kleinen Grasfröschlein entwickeln. Bei feuchter Witterung verlassen die kleinen Frösche das erste Mal das Wasser und steigen an Land (Bild Seite 121). Erst nach 3–4 Jahren sind sie selbst fortpflanzungsfähig.
An Land leben die Grasfrösche häufig auf feuchten Wiesen, in Auwäldern, lichten Laubwäldern oder in der Nähe von Bächen. Die Tiere sind hauptsächlich dämmerungsaktiv.
Zum Überwintern – je nach Witterung Ende Oktober bis Anfang November – werden meist wieder kleinere Gewässer aufgesucht oder aber die Tiere graben sich in lockere Erde ein.
Nahrung: Insekten, Insektenlarven, Spinnen, Würmer, Asseln, Schnecken.

**Beobachtungstip**

Grasfrösche können oftmals schon Ende Februar/Anfang März am Gartenteich beobachtet werden; oftmals haben sie auch schon im Herbst das Gewässer aufgesucht, um hier zu überwintern. In einem sehr verschlammten Teich (Faulschlamm) können die Tiere im Winter ersticken. Nach dem Ablaichen halten sich die Frösche meist in geringer Entfernung außerhalb des Teiches auf.

65-70 mm

## Grünfrösche, Wasserfrösche

*Rana* sp.
Familie Echte Frösche

Aussehen: Die Wasserfrösche unterscheiden sich von den Braunfröschen im wesentlichen durch ihre grüne Färbung und das Fehlen des braunen Fleckes hinter den Augen. In unserer Region unterscheiden wir 3 verschiedene Formen:
Seefrosch (*Rana ridibunda*),
Kleiner Teichfrosch (*Rana lessonae*), Bild Seite 123,
Wasserfrosch (*Rana kl. esculenta*), Mischform aus dem Seefrosch und dem Kleinen Teichfrosch (Bild oben).
Im Gartenteich werden wir am ehesten einmal auf den Kleinen Teichfrosch und den Wasserfrosch stoßen.
Fortpflanzung: Die Paarungszeit der Grünfrösche beginnt erst im Mai. Zu dieser Zeit rufen die Männchen besonders lautstark, wobei die Schallblasen rechts und links des Mundwinkels mächtig aufgeblasen werden. Die Tiere rufen aber auch außerhalb der Laichzeit bei Sonnenschein oder Einbruch der Dämmerung. Beim Rufen liegen die Tiere mit weit ausgebreiteten Hinterbeinen an der Wasseroberfläche. Bei der geringsten Störung jedoch tauchen sie blitzschnell weg. Das Männchen klammert das Weibchen in den Achseln fest und besamt den austretenden Laich.
Die bis zu 4000 winzigen, schwarzen Eier werden in mehreren gallertigen Ballen abgelegt. Schon

nach etwa 1 Woche schlüpfen die ersten Kaulquappen. Die Entwicklung zum fertigen Fröschlein dauert ca. 3–4 Monate.
Aus dem Laich von *Rana kl. esculenta* entwickeln sich oft keine Kaulquappen, sondern die Laichballen verpilzen, die Eier sterben ab. In der Regel ist dieser Laich nur fruchtbar, wenn einer der beiden Partner der reinen Art *R. ridibunda* oder *R. lessonae* angehörte.
Die Grünfrösche verbringen einen großen Teil ihres Lebens in und am Wasser. Sie halten sich vorwiegend in feuchten Gebieten auf, nehmen jedoch auch ausgiebige Sonnenbäder.
Überwintert wird nicht im Gewässer, sondern außerhalb unter Laub und Pflanzenresten.
Nahrung: Insekten, Insektenlarven, Spinnen, die auf die Wasseroberfläche fallen oder im Uferbereich umherkrabbeln. Die Beute wird durch rasches Zuschnappen oder gar im Sprung gepackt.

**Beobachtungstip**

Wenn wir Glück haben und unser naturnaher Gartenteich auch in einem naturnahen Garten, mit vielen Unterschlupf- und Versteckmöglichkeiten sowie ausreichender Insektennahrung liegt, können Wasserfrösche und Teichfrösche zuwandern und auch bleiben. Die Tiere sind tagaktiv und können, wenn sie sich erst einmal an uns gewöhnt haben und bei der geringsten Bewegung nicht gleich zwischen den Pflanzen abtauchen, auch gut beobachtet werden. Ein Erlebnis besonderer Art ist das Froschkonzert am eigenen Teich!

700–1000 mm

## Ringelnatter

*Natrix natrix*

Familie Nattern

Aussehen: Grau bis graubraun gefärbte Schlange. Typisch die gelblichweißen, halbmondförmigen Flecken an jeder Seite des Hinterkopfes, die vorne und hinten schwarz abgegrenzt sind. Bauchseite schmutzigweiß mit dunklerer Würfelzeichnung. Große Kopfschilder, große Augen mit runder Pupille.
Männchen kleiner und schlanker als Weibchen.
Fortpflanzung: Die Tiere paaren sich von März bis April. Die Eiablage erfolgt im Juni – August. Dazu suchen die Weibchen feuchte, warme Stellen auf (Komposthaufen, verrottende Pflanzen o. ä.), in die sie ihre 20–50 Eier ablegen. Die bis zu 20 cm langen Jungschlangen schlüpfen innerhalb von 2–3 Monaten.
Überwintern unter Laub, in Erdhöhlen, Baumstubben etc.
Nahrung: Fische, Frösche, Kröten, Molche, Kaulquappen.

**Beobachtungstip**

Leben in unserem Garten Ringelnattern, so können sie sich auch am Teich einfinden. Die Tiere können sehr gut schwimmen und tauchen bei Gefahr unter. Die vollkommen harmlose Schlange beißt nicht einmal, wenn man sie anfaßt, sondern scheidet lediglich eine übelriechende, gelblichweiße Flüssigkeit aus.

# Register

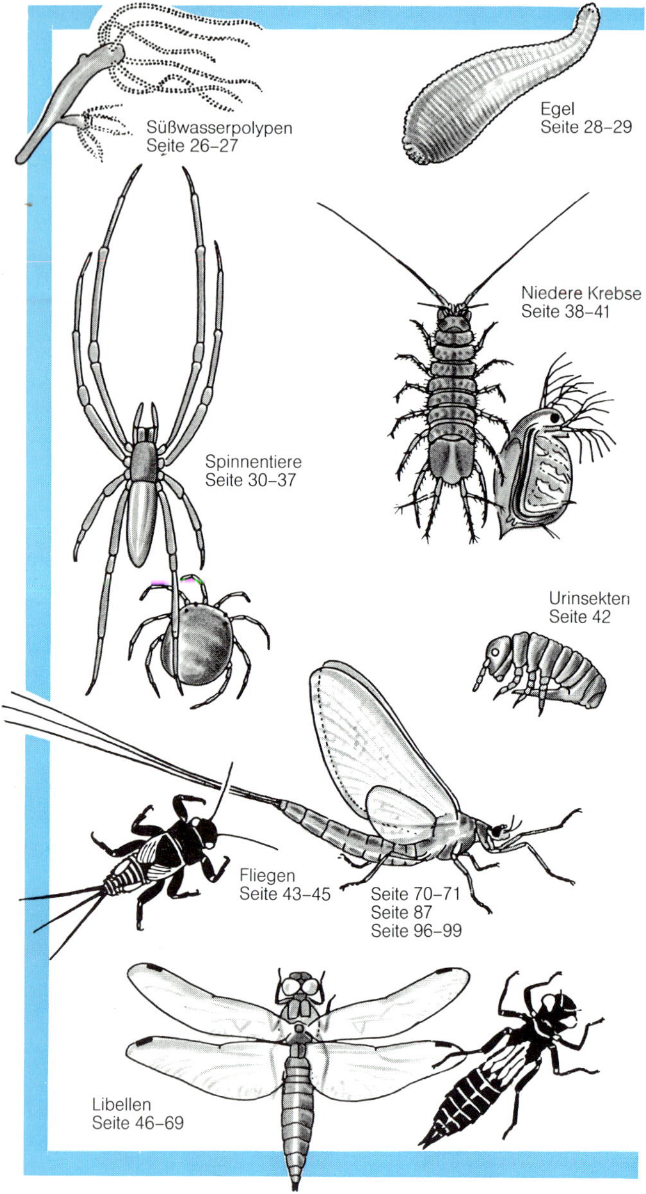
Süßwasserpolypen
Seite 26–27
Egel
Seite 28–29
Niedere Krebse
Seite 38–41
Spinnentiere
Seite 30–37
Urinsekten
Seite 42
Fliegen
Seite 43–45
Seite 70–71
Seite 87
Seite 96–99
Libellen
Seite 46–69